Ces personnalités qui fabriquent l'assurance de demain !

Octobre 2016.

Sous la coordination de Jean-Luc Gambey
jl@gambey.me

Sommaire

Nos dirigeants, au cœur de la transformation !

La technologie, de l'échelle nano à l'échelle macroscopique, poursuivra ses progrès rapides, la durée de la vie va continuer de s'allonger, l'urbanisation de progresser, le contexte de compétition internationale s'amplifier, la taille des ménages de diminuer, le développement de l'économie circulaire de s'accélérer, ... et tout cela sur fond de changement climatique, d'aspiration à un bien-être individuel et d'évolutions sociétales de fond. Le numérique contribuera à révolutionner les entreprises comme notre vie quotidienne, transformant notre rapport au réel et facilitant la démocratisation des technologies. Dans ce contexte, l'innovation, qui se traduit nécessairement par une certaine acceptation du risque, est indispensable pour rester dans la course aux multiples mouvements, devant permettre également la conservation de notre niveau de vie et de notre modèle social.

Si l'importance de l'innovation ne fait aucun doute pour les dirigeants d'entreprises, ils restent encore majoritairement réticents à prendre des risques. Dans un contexte de croissance timide, l'innovation reste un levier crucial pour les entreprises souhaitant s'ouvrir à de nouveaux marchés. Selon la Commission Européenne, les entreprises ayant innové sur les 3 dernières années ont eu une croissance de 10% en moyenne de leurs chiffres d'affaires contre une baisse de 3% pour celles qui n'ont pas innové.

L'innovation permet à l'entreprise de se démarquer de la concurrence, de renforcer sa productivité, de répondre à un besoin, de créer une demande nouvelle... . Aujourd'hui, n'importe quelle société, quelle que soit sa taille et ses moyens, peut devenir leader dans le monde entier. Les startups fournissent à cet égard de nombreux exemples, Uber n'a eu besoin que d'un développeur et de quelques juristes pour conquérir le monde.

Pourtant, l'innovation n'est pas LA priorité des dirigeants français, selon la 4e édition du baromètre de l'innovation de Grenoble Ecole de Management / Opinionway (octobre 2015), qui montre que la place accordée à l'innovation reste stable. La productivité et la qualité sont toujours prioritaires pour les dirigeants d'entreprise interrogés. Cependant, si 94% des entreprises allouent des moyens spécifiques à l'innovation, soit une hausse de 18% par rapport à l'an dernier, les innovations développées concernent majoritairement de l'innovation incrémentale. Seul, 18% des sondés se sont engagés dans des projets à forte exploration technologique et de nouveaux marchés.

Du côté des classements internationaux, l'indice mondial de l'innovation 2015 a placé la France au 21e rang – 13e parmi les États européens – des pays innovants (sur 141). Une maigre performance pour la 6e puissance mondiale. D'autres classements orientés entreprises, comme le Top 100 de l'innovation 2014 de Thomson Reuters, placent l'hexagone 1er pays européen innovant, avec 7 organisations tricolores, dont des entités publiques (CNRS, CEA…) et quelques grands groupes, soulignant la faiblesse du secteur privé en la matière.

Si la révolution numérique a démocratisé l'innovation en France, celle-ci est souvent comprise presque exclusivement comme innovation technologique, comme si plus de technologie signifiait systématiquement plus de profitabilité et plus de compétitivité. L'innovation ne se réduit pas, non plus, à l'introduction d'un nouveau produit ou d'un nouveau procédé. Elle tient également à l'introduction d'une rupture stratégique en adoptant un nouveau modèle économique, en cassant les règles du jeu concurrentiel.

Insuffler la culture de l'échec !

Les incantations à l'innovation émanent aujourd'hui de toutes parts : ministres, élus locaux, syndicats patronaux, … . Alors pourquoi la frénésie de l'innovation ne gagne-t-elle pas nos entreprises qui pourraient ainsi retrouver le chemin de la rentabilité et rendre au pays sa croissance ? La profusion des sources de financement ne suffit pas à régler le problème car le mal est plus profond et plus subtil. Les vraies sources d'évolution sont à chercher au sein même de l'entreprise, au cœur de la vision du dirigeant. Au-delà de l'injonction publique, l'innovation se développe et se cultive au cœur de la pensée et de la personnalité du dirigeant d'entreprise.

Alors que les attentes des assurés évoluent très vite, notamment à cause de la présence d'entreprises comme Apple, Amazon, …, il n'est pas toujours facile, pour les grandes organisations, dotées de systèmes lourds et rigides de susciter l'innovation. Malgré la diversité des aides aux entreprises innovantes (crédit impôt-recherche, incubateurs…), les dirigeants jugent l'environnement institutionnel peu favorable, voire opaque. Ils pointent également le manque de ressources budgétaires pour financer les projets.

Les freins sont ensuite culturels. Innover équivaut à prendre un risque, à potentiellement connaître l'échec, ce qui est encore très mal perçu dans l'hexagone. Dans les grandes entreprises, impossible de dire « je me suis trompé » car c'est humiliant. La performance individuelle et le goût du secret en vigueur dans les entreprises sont aux antipodes de l'innovation. Innover, c'est se changer de l'intérieur. Mais il faut posséder un état d'esprit transgressif, changer l'ordre existant. Tout innovateur change l'ordre établi !

Innover, c'est très souvent faire des tests dont les résultats ne sont, par définition, pas prévisibles. Les tentatives sont nombreuses mais les véritables succès immédiats sont rares. L'échec doit être considéré comme un catalyseur de l'innovation et les entreprises doivent se rappeler que les idées les plus novatrices ont toujours été précédées de nombreux échecs. Je parle d'ailleurs souvent d'échec de l'innovation avec les entreprises, parce que je m'intéresse à leurs succès.

A cause de quelques échecs, certaines entreprises cessent de prendre des risques, d'innover et misent sur les recettes du passé. Celles-ci ne peuvent être éternelles dans notre marché qui évolue significativement. Je pense qu'il y a un échec, qui lui est nettement plus grave, celui de ne pas avoir testé une idée qui se serait avérée fructueuse pour un concurrent... .

Libérer l'entreprise !

La capacité d'adaptation à l'évolution du marché est un moteur important pour valoriser la marque, et l'innovation contribue très certainement à appuyer la valeur de la marque. Cependant, l'industrie de l'assurance est en prise, souvent, avec des systèmes d'information peu agiles et des organisations souvent silotées qui retardent le progrès, l'innovation et son passage à l'acte. Les dirigeants peuvent et doivent libérer la créativité, la pression du quotidien, l'organisation parfois trop rigide, le cloisonnement de l'information, ... Ouverture, curiosité, créativité, confiance, écoute, audace font plus pour la capacité d'une entreprise à innover que la compétence technique. Insufflé par le dirigeant, l'esprit d'innovation va générer des opportunités improbables, la collaboration avec des partenaires compétents va réduire les coûts de développement, l'écoute du client va favoriser la commercialisation du produit, et l'innovation sera forcément un succès !

Nos dirigeants voient la société changer, ils captent et prélèvent les signaux faibles, émis parfois dans un brouhaha général, mais qui éveillent un intérêt certain pour notre futur. Nos dirigeants sont exposés à une forte pression, qu'il s'agisse d'implanter des stratégies novatrices, de développer de nouveaux marchés, de rehausser la productivité ou de mobiliser leurs collaborateurs. Durant cette période de transformation massive, nous rêvons tous d'anticiper, d'avoir une vision de l'avenir, d'avoir une idée révolutionnaire, d'inventer le produit de demain ou le service dont les Français ne pourront plus se passer, ..., bref de participer à la création de l'assurance de demain.

L'ambition de cet ouvrage est de faire, sous forme de témoignages variés*, un véritable tour d'horizon des visions et des convictions de « Ces personnalités qui contribuent à fabriquer l'assurance de demain ».

* Les interviews ont été réalisées entre fin mai et fin septembre 2016. Pour chacun des thèmes, ces interviews sont présentées par ordre alphabétique. Chaque personnalité avait la totale liberté de choisir son angle, son thème d'intervention : du plus général au plus spécifique. Aucune initiative n'a été prise de modifier le contenu des propos des personnalités (et leurs fonctions transmises au moment des interviews). Seuls, des ajustements de présentation graphique ont été effectués afin de rendre homogène la globalité de cet ouvrage.

I - FOCUS :
les transformations

Repères

■ 75% des dirigeants du secteur de l'assurance dans le monde attendent une transformation majeure de la chaîne de valeur de l'assurance dans les cinq prochaines années [1]

■ 84% des dirigeants du secteur de l'assurance dans le monde estiment que la digitalisation modifie les attentes des clients et 80% que les nouvelles technologies vont changer radicalement les pratiques traditionnelles [1]

■ 90% des assureurs interrogés estiment que la transformation digitale de leur organisation va s'accélérer dans les trois années à venir [2]

■ 90% des assureurs estiment que les modèles de plateforme, qui permettent de réaliser des économies d'échelle, vont prendre de l'importance et devenir quasiment incontournables dans les 5 années à venir [2]

■ 84% des répondants estiment qu'ils sont de plus en plus soumis à l'impératif de se réinventer et de faire évoluer leur métier rapidement [2]

■ 9% des emplois en France présentent un « risque élevé de substitution » par des robots. Cela représente 2,4 millions d'emplois. Près de 30% des emplois devront au minimum, évoluer sérieusement. Cette proportion d'emplois affectés par le numérique dépasse même les 40% en Italie et en Allemagne, en raison sans doute de la forte présence de l'industrie dans ces pays [3]

■ 88% des responsables Ressources Humaines considèrent que la fonction Ressources Humaines a un rôle dans la transformation numérique, mais seuls 4% déclarent avoir une vision tout à fait claire des nouveaux métiers liés aux numérique [4]

■ La digitalisation entrerait dans la stratégie de 79% des assureurs [5]

1) Etude Digital Innovation Survey d'Accenture - 2014
2) Etude Accenture Technology Vision for Insurance, avril 2016
3) Documents de travail de l'OCDE sur les affaires sociales, l'emploi et les migrations, n°189, Éditions OCDE, Paris
4) Enquête Solucom 2014 : la DRH face aux défis du numérique.
5) Etude du cabinet de conseil en management Siltéa.

& verbatims

« Le monde a changé, à la fois sur le plan financier et s'agissant des comportements des consommateurs. Il faut s'y adapter. Mais il faut bien distinguer les deux enjeux : différencier ce qui doit être fait pour améliorer le modèle existant de ce qu'il faut faire pour le transformer ; agir sur ce qui est entre nos mains - nos coûts, nos choix d'investissements... » explique **Thomas Buberl**, Directeur Général du Groupe AXA, le 31 août dernier sur **le Figaro**.

« Pour les convaincus du dialogue social et de la solidarité - du collaboratif intergénérationnel dont je suis -, le temps est venu de démontrer qu'un modèle inventé au siècle précédent, avant la révolution numérique, avant les startup, avant l'uberisation, saura nous protéger efficacement au XXIe siècle. » explique **Christian Schmidt de La Brélie,** Directeur Général du Groupe Klesia sur **Libération** le 16 septembre dernier.

« Nous pouvons être disrupteurs à notre tour. La rupture digitale, c'est aussi de nouvelles offres et nouveaux services, en dehors de nos cœurs de métier. Nous nous plaçons sur des métiers qui n'étaient pas le nôtre, avec des services que l'on ne rendait pas, comme l'agrégation bancaire. » précise **Pascal Demurger**, Directeur Général du Groupe Maif, le 14 juin dernier à **usine-digitale.fr**.

« Il est vrai que pendant longtemps, les sociétés d'assurances ont été assez statiques. Chez Allianz France, nous avons décidé d'agir sur toute la chaîne. Après avoir créé une direction du digital il y a trois ans, nous venons de mettre en place une direction dédiée au service client qui regroupe 1.900 personnes. Au moment où nous faisons de l'amélioration de l'expérience client une priorité, cela nous a paru indispensable. » assure **Jacques Richier,** Président Directeur Général d'Allianz France aux **Échos** le 8 août dernier.

« Pour une entreprise plus que centenaire comme la nôtre, qui a connu beaucoup de succès jusqu'à maintenant, de quelle manière pouvons-nous continuer à faire ce que nous faisons, tout en changeant également ? Nous devons acquérir le courage de laisser nos gens échouer. » déclare **Venky Kulkarni**, Vice-Président et chef des systèmes d'information à la Croix Bleue Medavie le 23 septembre dernier dans la **Revue gestion**.

« L'Homme est un créateur en puissance, j'en suis convaincu. Chez APRIL, nous faisons en sorte que l'ensemble de nos collaborateurs soient des intrapreneurs, qu'ils puissent avoir un espace pour prendre des initiatives, gérer eux-mêmes leurs parcours, lever le doigt s'ils ont envie de changer de poste, ... » déclare **Bruno Rousset**, Président Directeur Général du Groupe April dans **le journal des entreprises**.

Delphine Asseraf

Directrice Digital Marque & Communication

Allianz France

Le développement des usages crée un canal supplémentaire de distribution pour les produits d'assurance, la souscription 100% en ligne, qui si elle représente encore une faible part de marché, se développe. Selon vous, quelles sont les principales orientations d'une distribution très orientée « digital » ?

La multiplicité des points de contacts amène à repenser totalement la distribution des produits d'assurance : il faut désormais proposer aux clients et prospects une approche complète alliant digital et réseaux physiques sur l'ensemble des produits en lui permettant à chaque moment de choisir son mode d'interaction. Pour cela, il convient de s'organiser pour présenter toute sa gamme de produits et de solutions sur internet et sur mobile, permettre la réalisation de devis, offrir la souscription en ligne comme la finalisation du contrat en point de vente ou par téléphone, proposer la déclaration de sinistre et la gestion d'actes comme le téléchargement de certificats, le paiement de cotisation.
Cette ouverture des systèmes, avec comme posture systématique le libre choix du client, impose d'utiliser au mieux les opportunités offertes par les technologies actuelles mais surtout de travailler avec l'ensemble des acteurs de l'entreprise (commerciaux, actuaires, juristes, gestionnaires, souscripteurs,… .) et des agents généraux pour proposer une expérience client riche, complète et simple et surtout adaptée au point de contact.
A ce titre, il faut imaginer chaque parcours avec une double posture : à la fois il peut être auto-suffisant (un prospect fait une simulation en ligne et souhaite finaliser en ligne) ou hybride (un client s'informe sur mobile puis souhaite rencontrer un agent général) et rechercher l'excellence en acceptant aussi de se remettre à l'ouvrage autant de fois que nécessaire. L'expérience client ne s'évalue pas par secteur industriel c'est-à-dire que le client n'évalue pas tous les assureurs entre eux, puis tous les voyagistes, puis tous les banquiers, … . Le client a des éléments de comparaison qui vont aussi bien de l'achat d'un billet de train à la location d'une voiture. A nous, donc de « désigner » chaque parcours pour se placer non seulement à l'état de l'art en terme de technologies mais surtout en terme d'attente client.
Le mobile est un extraordinaire média en cela : il oblige à repenser les parcours compte-tenu de la taille de l'écran mais permet également d'inventer une nouvelle expérience : reconnaissance de caractères, prise de photos, authentification biométrique sont autant d'opportunités de faciliter la demande d'informations comme la souscription ou l'accès à de nouveaux services en s'adaptant aux besoins du client : affiner sa posture en fonction du moment, de la personne et du lieu ! L'objectif est de passer du « full web » au « full choice » !

Les clients, en général, désirent des offres et des services de plus en plus personnalisés par rapport à leurs besoins. Se dirige-t-on vers un déploiement des offres de type « pay as » ou « pay how » ?

De plus en plus aujourd'hui, les clients veulent une offre « adaptée ». Là où, il y a quelques années, cela signifiait une offre adaptée au profil de risque, aujourd'hui, cela va plus loin avec une volonté d'avoir également une offre adaptée au comportement du client et à son évolution. Il s'agit de prendre en compte non seulement ce qu'il souhaite assurer comme bien mais aussi l'usage qu'il en fait et, notamment dans le cas de la voiture, son comportement au volant. Nous avons lancé en 2014 la première offre de télématique sur la base d'un boîtier que le client installe par lui-même et d'une application mobile. Cette offre s'est enrichie progressivement pour arriver en 2015 à proposer une réduction de la prime d'assurance en fonction de son comportement au volant. En septembre 2016, c'est plus de 14 000 clients qui ont souscrit à cette offre. Penser une offre « pay how » implique d'avoir des convictions fortes sur les données (que propose-t-on pour quelle captation de données) et sur les services (préférer des services forts et engageants plutôt qu'une multitude qui sera peu, expérimentée et donc valorisée par le client). Penser une offre « pay how », c'est aussi se donner les moyens d'agir en terme de prévention et de lutter pour rendre nos routes plus sûres avec une offre « win-win » : l'assureur donne des conseils et permet un regard factuel sur sa conduite avec des indicateurs de conduite concrets, c'est le quantified self adapté à la conduite, l'assuré y retire un bénéfice économique, si sa conduite est vertueuse.

Comprendre les usages de nos clients, c'est bien sûr faire en permanence des évolutions de nos produits et de nos services comme sur « Allianz Conduite connectée » mais aussi travailler avec nos partenaires comme avec Drivy, par exemple, dans le cadre de l'économie collaborative.

L'application « Allianz Conduite connectée » change ainsi chaque trimestre et prend en compte non seulement les retours de nos clients, des collaborateurs et des agents généraux, mais aussi anticipe des évolutions du secteur automobile et des équipementiers. La voiture de 2020 sera très différente de ce qu'elle est aujourd'hui. Il est donc naturel qu'elle implique de nouveaux comportements au volant et donc un nouveau type d'assurance.

Le contrat avec Drivy depuis 2014 a changé près d'une quinzaine de fois et nous cherchons maintenant à proposer une offre spécifique pour les propriétaires qui louent leurs véhicules plusieurs fois dans l'année pour adapter la prime d'assurance à leur usage. Le « pay how » peut donc prendre des formes très différentes mais l'objectif est toujours le même : être au plus près de ce qu'est notre client, de son style de vie et surtout d'évoluer au même rythme que lui.

La révolution numérique (objets connectés, big data, applications..) impacte le secteur de l'assurance comme les autres secteurs de l'économie. Quel est l'impact de IOT & du Big data sur l'assurance ?

Nous sommes envahis par des masses de données : qui proviennent de nos publications sur les réseaux sociaux, des objets connectés que nous portons ou des déplacements que nous faisons. Dans ce cadre, l'assureur, qui n'est pas celui qui regorge le plus d'informations, doit à la fois être en capacité d'en collecter de nouvelles auprès des assurés et aussi auprès d'autres acteurs pour enrichir sa proposition de valeur et entrer dans un nouveau partenariat assureur / assuré : plus l'assureur est informé, plus il peut proposer des services personnalisés. Cette personnalisation s'entend en terme de tarification avec le « pay how you drive » qui propose des offres dont la prime varie en fonction du comportement du conducteur, mais aussi en terme de services avec des solutions autour d'une prévention plus active qui anticipe des évènements climatiques par exemple ou en terme de recommandations par rapport à des formules d'assurance adaptées aux conditions géographique. Cela implique bien entendu de faire rentrer dans la conception des offres de nouveaux talents, qui viennent éclairer les décisions business et les choix en terme de parcours par l'analyse des données.

Big Data est un jeu certes technologique mais surtout de posture ! La clé ? Avoir un engagement clair auprès des assurés sur les données collectées ? Lesquelles ? A quelle fréquence ? Pour quels usages ?

L'enjeu ? Etre au plus près de nos clients, de leurs évolutions de vie, anticiper leurs besoins et être dans l'instantané utile, c'est-à-dire adapté à la situation, à l'usage et au moment.

Patrick Brothier

Président

Adréa Mutuelle (Groupe AESIO)

Aucun secteur n'est immunisé face à la révolution numérique. De nouveaux modèles de valeur vont être inventés, de nouveaux usages émergents, de nouvelles interfaces se créent. Chaque entreprise doit développer des moyens et des stratégies pour anticiper les conséquences de la révolution numérique sur leur modèle et réagir de la manière la plus efficace possible. A l'heure où les organisations se doivent de progresser, parfois très rapidement, certaines entreprises se retrouvent face à des choix stratégiques décisifs pour leur développement.

La révolution numérique est donc un véritable challenge qui s'impose à tous. Quels sont les défis majeurs que doivent relever les entreprises du secteur de l'assurance et les mutuelles en particulier ?

Nous ne concevons pas encore tous les bouleversements que va produire la révolution numérique dans nos modes de vie et nos capacités d'entreprendre. Notons la concomitance de deux phénomènes majeurs :
• La communicabilité absolue induite par l'irruption du numérique dans notre quotidien offre à chacun l'infinité des choix et des modalités de contact. La largeur du champ à couvrir est immense et nous devons être capables de nous situer sur toutes les composantes.
• L'aspiration forte à des réponses personnalisées. Notre capacité à y parvenir devient un prérequis.

La conjugaison des deux, communicabilité et attente d'une réponse personnalisée, est l'un des premiers enjeux à appréhender avec l'avènement du numérique. Universalité, immédiateté, fluidité, singularité des réponses à apporter sont les maîtres mots qui fondent le nouveau défi. De fait, notre métier consistera à assurer, bien sûr, mais qui plus est à apporter des services pour améliorer les conditions d'accès à la santé et au bien-être des gens.
De nouveaux entrants non assureurs peuvent demain émerger sur une partie de nos métiers, proposer un accompagnement inédit, plus pertinent que l'actuel et capter une partie de la chaîne de valeur, voire nous en écarter. Quand nos mutuelles s'interrogent sur leur capacité à marier offres d'assurance et services d'accompagnement et sur la réalité de la valeur ajoutée produite, la question posée par la montée en puissance du numérique vient percuter notre réflexion.
Chez Adréa, nous capitalisons certes sur l'offre des Services de Soins et d'Accompagnement Mutualistes existantes mais nous estimons que l'enjeu est désormais plus vaste. Demain, nous devrons être architectes de plateformes intégrant

des services associés à nos garanties, avec le risque que des offres nouvelles issues du monde numérique dépassent la performance des nôtres, même si elles sont loin d'être déjà disqualifiées.
L'enjeu n'est plus de produire nous-mêmes mais de concevoir et cultiver les meilleures interfaces avec les partenaires les plus pertinents. Tel sera le mode entrepreneurial nouveau de nos entités. Cela fait appel à notre capacité à innover et plus encore à associer et coproduire, imprégnant ainsi fortement nos organisations. C'est une opportunité exceptionnelle de refondation de nos modèles, tant de gouvernance politique qu'opérationnelle. Cela induit de nouvelles proximités et complicités actives avec nos adhérents.
Les risques sont nombreux et substantiels, à la mesure de cette conjoncture singulière. Un bouleversement économique préfigure en général une transformation sociétale majeure. L'originalité de la séquence actuelle réside dans le fait que les deux se confondent et s'alimentent.

Nos entreprises d'aujourd'hui sont constituées d'organisations très hiérarchisées, parfois très silotées et qui, souvent, ne peuvent faire avancer leurs transformations au rythme souhaité. Comment votre entreprise a-t-elle appréhendé et organisé cette transformation indispensable ?

Appréhender ces enjeux le mieux possible est une gageure ! Nous n'avons ni le monopole des talents ou de l'imagination fertile, ni une capacité d'investissement infinie. Notre action repose sur le triptyque : Ambition / Détermination / Humilité.
Ambition par la création d'AESIO avec Apréva et EoviMCD (et Solimut en 2017), un groupe mutualiste d'envergure et durable. Détermination pour dire ce que nous faisons et faire ce que nous disons, la confiance se nourrissant des promesses tenues. Et humilité de nous remettre en question, même face à nos succès, pour rester dans la partie.
Notre mue culturelle vise à refonder une capacité productive dont chacun est acteur au-delà des lignes hiérarchiques classiques.
Mentionnons deux initiatives pour illustrer notre volonté de transformation et notre perméabilité aux enjeux numériques.
Notre startup Walicéo créée il y a trois ans a un double objectif :
- Développer une activité d'assurance sous l'angle affinitaire
- Bousculer les esprits pour stimuler l'acculturation numérique

La startup est naturellement plus agile qu'Adréa et d'un management propre bien que détenue à 100% par la mutuelle. Elle est prestataire web d'Adréa mais aus-

si de communautés affinitaires variées (sourds et malentendants, Travailleurs Frontaliers, ...).
Imaginée comme un vecteur de distribution auprès de ces communautés pour la complémentaire santé et des services associés, elle n'a pas trouvé son modèle économique (comme d'autres, ANI oblige) mais elle remplit son rôle de laboratoire R & D. Elle a de fait créé une émulation, souvent de manière indirecte. La composition de son équipe (quasi exclusivement de la génération Y), la nature de son activité et son existence même ont amené les équipes de notre mutuelle à s'approprier plus vite les modalités et enjeux numériques.
L'idée imparable ne naîtra peut-être pas de Waliceo ou d'Adréa mais nous sommes de plus en plus ouverts et prêts à faire face aux bouleversements même si nous ne concevons ni leur nature précise ni leur ampleur.

Deuxième exemple, nous proposons à nos adhérents privés d'emploi ou en mobilité professionnelle - et aux entreprises qui recrutent, notamment celles qui nous font confiance pour la protection sociale de leurs salariés – un service en ligne construit autour des compétences et aptitudes, dans une pratique très anglo-saxonne. Il offre personnalisation graphique, profils de compétences modulables, fiches conseil, visioconférence avec un recruteur potentiel, envoi de candidatures spontanées ciblées. Nous avons obtenu un prix de l'innovation pour avoir mis en œuvre ce service que nous associons à nos offres, à l'image de ce que nous serons amenés à réaliser de plus en plus avec l'essaimage du numérique.

Les équipes dirigeantes des entreprises, confrontées à de multiples enjeux, doivent également être à la hauteur des nouvelles exigences et responsabilités générées par la révolution numérique. De ce point de vue et dans un contexte d'accélération du déploiement des technologies numériques, devez-vous également accélérer, la transformation interne de votre entreprise ? (Si oui, comment ?)

Accélérer notre transformation interne est nécessaire, à commencer par l'humain. Transformation digitale dit choc culturel dans les entreprises, au moins aussi important que l'informatisation dans le passé. Cela concerne donc en particulier les managers. La transformation digitale est portée par une génération. Un nouvel univers est né, qui s'est affranchi de l'existant, le monde digital a inventé ses propres références, son ADN.
L'un de ses ressorts est le mode collaboratif comme principe de management. Il leur est inné et a démontré sa pertinence avec les logiciels libres. Leur modèle s'est

construit par opposition à la monoculture en place dans les entreprises traditionnelles. Or, nos managers de plus de trente ans ont été formés au modèle hiérarchique et sont encore là pour de nombreuses années. Notre priorité est de les préparer à accompagner une génération qui réfléchit différemment, à accepter que le savoir est la somme des partages et non plus le fruit de l'expérience de quelques-uns. C'est un véritable projet d'entreprise, point clé de notre transformation digitale. A cet effet, deux initiatives digitales portent cette ambition :

• Une démarche d'innovation participative : à partir d'un enjeu simple (optimiser l'organisation de l'Assemblée Générale de la mutuelle) nous avons mis en place des outils (plateforme collaborative) et une animation (appel au volontariat, phase d'idéation, ...) totalement inédits auparavant. 192 idées ont émergé, puis ont été affinées pour aboutir à une idée phare, prototypée en quelques jours seulement. Ainsi, une application mobile dédiée aux élus conjuguera réduction significative des coûts et implication forte des délégués. Au-delà du résultat, cette démarche nous a permis (malgré certains freins) de poser les bases d'une approche nouvelle à reproduire pour d'autres projets.

• Artisans Du Numérique : ADN est un projet de coaching des Forces de Vente, en mode agile et Test & Learn. L'animation de commerciaux volontaires sur l'usage professionnel des réseaux sociaux poursuit sept objectifs, tous orientés vers la performance commerciale, une compréhension de la relation omni-canal proposée aux adhérents et la construction d'un réseau relationnel efficace. Là encore il faut faire fi des barrières, l'animation classique est remise en cause. Le mode participatif sied parfaitement à la démarche avec ce public commercial, pourtant individualiste par nature. Après une évaluation des résultats dans un an nous organiserons un déploiement progressif à l'ensemble des forces de vente.

Induit par le digital, le mode collaboratif est un levier majeur de l'accompagnement au changement, il permet aux salariés de participer à la vie de l'entreprise. Nos managers doivent y être perméables, il y va de la régénération de leur fonction.

David Dubois

Directeur Marketing et Développement

RGA France

La segmentation des clients en assurance est-elle différente de la segmentation des clients dans un autre secteur économique ?

Segmenter les clients consiste à déterminer des couples produit-marché qualifiés et à quantifier la relation biunivoque qui peut exister entre le produit et son marché. Le marketing a fait de la segmentation le cœur de la stratégie commerciale des entreprises, d'acquisition et de consolidation de part de marché mais aussi de sa stratégie de marque. Segmenter revient à identifier des classes de clients présentant une certaine forme d'homogénéité au regard de variables sélectionnées, c'est-à-dire d'informations multicritères. Pour l'entreprise, la segmentation conditionne la prise de décision de lancer un produit en développant le marketing-mix adapté. Cette approche très mercantile du client, n'est rien d'autre que l'univers dans lequel nous vivons et que nous contribuons tous, à notre manière, à renforcer en étant, tantôt vendeur, tantôt client.

Qui n'a jamais cédé aux sirènes d'un packaging alléchant ou d'un argument du « produit fait pour vous ! ». A cet effet, le développement de l'économie numérique est venu renforcer la connaissance du client, en multipliant les informations divulguées et collectées, mais aussi grâce au traitement de ces données de masse rendu possible par le développement des algorithmes et des machines pour les exploiter. La plupart des secteurs économiques ont fait leur révolution internet en ajustant de plus en plus finement l'offre aux attentes de chaque client et en permettant, parfois, l'adaptation « sur-mesure » du produit aux gouts du client. Pour les secteurs financiers, l'opération est plus délicate non pas que l'envie n'y soit pas, mais les contraintes techniques du métier imposent encore une certaine rigidité dans la construction de l'offre. Il est vrai que la difficulté pour l'assurance réside encore et toujours dans l'inversion de son cycle de production et à une réglementation exigeante qui peut parfois être vue comme un frein à l'innovation.

Pour un assureur, segmenter la clientèle ne répond pas exclusivement qu'à une logique commerciale – mais aussi à une logique de gestion des risques. Souscrire des risques d'assurance, c'est avant tout prendre un engagement sur le futur, celui d'être capable de les financer si et lorsque ceux-ci se réaliseront. Cette condition sur le futur est extrêmement structurante pour le métier d'assureur : d'une part, elle suppose que l'assureur dispose des données nécessaires à l'appréciation des risques ainsi que des modèles et outils pour procéder à leur évaluation, d'autre part, qu'il dispose de la faculté de projeter les risques dans le futur et, se faisant, de faire parfois preuve de créativité. Quels seront les nouveaux facteurs influençant la survenance des risques ? Quels seront les comportements des assurés dans 10 ans ? Les processus de sélection mis en place aujourd'hui se révéleront ils efficaces demain ? Quels seront les nouvelles menaces à anticiper ?

En quoi les nouvelles technologies peuvent amener les assureurs à revoir les modalités de construction des tarifs ?

Traditionnellement, la science actuarielle a recours aux historiques des données comme base d'évaluation des risques avec en point central, la qualité et la pertinence de celles-ci. Face à des systèmes d'information parfois anciens, la manière dont les données remontent des émetteurs (centres de gestion déléguée, partenaire distributeur, ...) ainsi que la pertinence des modalités de collectes sont des éléments à ne pas négliger lors de leurs utilisations. Biais, erreurs de saisie ou bien encore données incomplètes sont légion dès lors que l'on utilise des données à des fins de modélisation et le travail de réconciliation et de correction de ces données représentent une étape lourde et délicate, préalable à toute modélisation et évaluation. Toutefois, la simple projection des tendances statistiques se révèle bien souvent insuffisante et cette capacité à se raconter des histoires est un élément vital en gestion des risques. Imaginer des scénarii, envisager l'impensable, changer l'angle d'observation pour entrevoir une autre image du risque.
Dans un univers des risques de plus en plus complexes et entrelacés, il devient nécessaire de repenser la notion de risque et de se méfier des réflexes et autres liens de cause à effet cristallisés par l'expérience et la pratique. Faire preuve d'esprit critique face aux informations qui nous assènent est aussi une nécessité permanente. Or, avec le développement de l'économie numérique, l'accumulation de données et la mise au point des algorithmes de traitement de ces informations fait entrevoir un eldorado pour les assureurs. Ouvrant le champs des possibles à la tarification sur mesure assise sur les caractéristiques de l'assuré et sur ses habitudes de vie, mais aussi à la tarification flexible « en temps réel » en fonction des flux de nouvelles données collectées en permanence, ce que permet la diffusion et l'adoption rapide des objets connectés par les assurés.

Le développement de l'utilisation des objets connectés ouvre-t-il de nouvelles perspectives dans la relation assuré – assureur ?

En disposant de ses données personnelles, issues d'objets connectés dédiés ou applications spécifiques disponibles sur les smartphones, l'assuré peut être en mesure d'adapter consciemment son comportement et ses habitudes de vie. Il devient, en quelque sorte, acteur de sa santé. Le « soi quantifié » désigne la pratique de la mesure de soi et fait référence à un mouvement né en Californie qui consiste à mieux se connaître en mesurant des données relatives à son corps et à ses activités. Les grands principes du « soi quantifié» sont de capturer, de visualiser et d'analyser les données, en établissant des liens entre comportement et résultats. Pour certains,

l'accès à ces données permet de mieux se connaître et y voit plutôt la mise en place d'un cercle vertueux à la fois sur la santé et l'hygiène de vie, mais aussi pour l'accès à des services spécifiques en lien avec les besoins réels de l'assuré. Pour d'autres, la diffusion de ces données représente un sérieux risque pour les assurés dans le cas où ces données seraient « détournées » de leur objet vertueux, en les utilisant, par exemple, pour pénaliser, via des majorations de primes ou d'un ajustement du niveau des garanties, les assurés dont les pratiques seraient les moins conformes à ce qui est admis comme norme minimale d'exercice, d'alimentation, de fréquentation sociale, de déplacements,... . Quelques assureurs accordent des allègements de cotisations aux personnes ayant une certaine hygiène de vie, mesurée en temps réel et portée à leur connaissance via les objets connectés.
Toutefois, on peut aussi voir le sujet d'un autre angle. Pour l'assureur, la collecte d'informations sur soi, par l'assuré, donnerait un sérieux avantage à ce dernier, au détriment du premier. Si je dispose d'une parfaite connaissance de mon risque, suis-je, en tant qu'assuré, sensible à moduler mes garanties pour les faire « coller au mieux », à mon risque, et mettre en œuvre, se faisant, une parfait anti sélection, si l'assureur n'a pas les moyens de la détecter, et ce, en tout légalité. C'est notamment envisageable dans un contexte où, pour favoriser les ventes, l'allégement de la sélection des risques à la souscription tend à devenir la norme.
Encore faut-il que les données collectées par les objets connectés soient fiables et facilement interprétables. RGA a mené une étude auprès de 1000 porteurs de bracelets connectés (tous collaborateur du groupe), répartis dans 23 pays. Chaque participant s'est engagé à porter un traqueur d'activité pendant 12 semaines. Les informations transmises par les bracelets étaient aussi diversifiées que la pression artérielle, le rythme cardiaque, la température extérieure environnante, l'altitude ou bien encore le nombre de pas réalisés chaque jour. 5 types de bracelets de marque différente ont été testés. La finalité de cette étude portait à la fois sur l'adoption de ces objets et sur la qualité des informations transmises. Les résultats de cette étude ont amené à s'interroger sur la fiabilité des données transmises à la fois du fait de la fiabilité technique des objets que de leur bonne utilisation par les participants.
Au-delà des objets connectés, il ne faut pas oublier que pour 200 $, on peut facilement obtenir le descriptif de son génome et bénéficier d'une information dense sur ses propres facteurs de risques. Cet accès facile et peu onéreux de l'assuré à ses données personnelles – dont pour la plupart il ne soupçonnait pas l'existence - contribue peu à peu à modifier le visage du risque et nécessitera une adaptation du modèle d'affaires de l'assureur.

Philippe Duvignac

Directeur risques du particulier et des supports réseau

Mutuelle Saint-Christophe

La révolution numérique impacte fortement le secteur de l'assurance : objets connectés, applications, smart data... . Certains « géants » du secteur de l'Assurance ont pris le virage de la révolution numérique. Mais qu'en est-il pour les structures de taille plus modestes ?

Les messages sur la révolution ou transformation digitale ne sont plus nouveaux, et tous les « géants » du secteur de l'assurance communiquent sur la nécessité d'innover sous peine de disruption, avec en toile de fond l'émergence de nouveaux acteurs. Le digital a profondément transformé les modes de consommation. Il y a de plus en plus d'attentes de nouveaux services, une massification de la demande de services en ligne de la part des assurés, ... ; on parle de consumérisme digital. Le monde de l'assurance, longtemps protégé, est désormais concerné. Et tout comme l'ensemble des opérateurs du secteur, les structures de taille moyenne n'ont plus le choix, se digitaliser doit être une évidence, chacun à sa manière selon sa taille.

La digitalisation de l'assurance demande des investissements humains et financiers importants. Les investissements importants sont-ils un frein pour des structures de petites tailles ? Qu'en pensez-vous ?

L'innovation n'est pas liée à la taille des entreprises. Elle doit tenir compte des moyens humains, financiers, de la capacité d'investissement et de ses objectifs. Logiquement, les objectifs ne peuvent pas être identiques à ceux des géants mondiaux. D'autre part, la conjoncture économique et le contexte règlementaire – impactant fortement les plans de charges - imposent également des arbitrages en matière d'investissement. Les assureurs de taille moyenne devront faire des choix judicieux, être plus inventifs, s'appuyer sur des partenariats et mettre à profit les technologies nouvelles pour rénover l'expérience « client / sociétaire » et se différencier. La transformation digitale n'est pas que technologique, elle passe également par l'humain, par l'évolution des organisations, et par la simplification des process et des services proposés aux clients. La capacité de réactivité et d'adaptabilité des plus petites structures est en ce sens un atout.

Comment les acteurs mutualistes de taille moyenne devront-ils faire évoluer leur modèle pour s'adapter à la digitalisation de l'assurance ?

Au-delà du modèle économique, ce sont les organisations qui sont impactées ; leurs tailles doivent leur permettre d'être réactives, de travailler en mode « agile », voire de se « startupiser » dans leur fonctionnement en interne. Elles doivent, comme tout autre acteur, structurer leurs stratégies de gouvernance des données et faire évoluer leurs modèles opérationnels en matière de processus décisionnel, avec pour objectif de faciliter et d'optimiser le développement de leurs éco-systèmes digitaux tout en favorisant l'innovation et les partenariats marketing.

Par ailleurs, la relation avec leur sociétariat est un point de fidélisation et de différenciation pour les mutuelles ; l'animation de la vie mutualiste doit permettre, dans un processus collaboratif, de favoriser la créativité des sociétaires qu'elles fédèrent. Cela permet de mieux comprendre leurs attentes, de mieux apprécier l'expérience client et permettre l'évolution des offres et services, et ainsi conforter la relation « clients » à travers les solutions digitales développées.

Eric Lombard

Président-Directeur Général

Generali France

Essor des GAFA, bouleversement des attentes et des usages, Big data... les compagnies d'assurance sont, comme les autres entreprises, directement impactées par la révolution numérique. Chez Generali France, on est convaincus que, pour relever ce défi, toutes les parties prenantes de l'entreprise doivent être impliquées : management, collaborateurs, clients... Le digital et l'innovation irriguent toute l'entreprise. Expérience client, formation, nouveau « contrat social », cellules créatives, Hackathon des jeunes collaborateurs... de nombreuses initiatives ont été menées pour adapter la Compagnie à ces enjeux. Le point avec Eric Lombard, Président-Directeur Général de Generali France.

Comment abordez-vous la transformation digitale au sein de Generali France ?

Le numérique a bouleversé à la fois les attentes et les usages de nos clients et de nos collaborateurs. Les clients souhaitent plus de réactivité, de simplicité. Mieux renseignés, ils bousculent les modèles traditionnels assez compliqués de notre secteur d'activité et nous obligent à revoir nos façons de travailler. Il ne s'agit pas simplement de s'équiper de nouveaux outils. Il s'agit de changer nos états d'esprit et nos modes de travail, en y incluant notamment un aspect plus collaboratif, en interne comme avec nos clients. Nous avons initié ces nouvelles dynamiques en donnant plus de latitude et d'autonomie aux collaborateurs, en assouplissant l'ordre hiérarchique mais aussi en associant plus étroitement nos distributeurs et nos clients à notre transformation... Avec pour objectif de favoriser l'esprit de service et d'innovation au sein de l'entreprise.
Notre enjeu est donc d'insuffler une véritable culture du digital chez Generali afin de répondre à l'évolution des usages qui ont transformé les modes de vie. La digitalisation de l'entreprise ne peut se faire sans sensibiliser et former tous les collaborateurs à ces nouveaux usages, et à leurs impacts sur notre activité. Au quotidien, dans leur vie personnelle comme professionnelle, les collaborateurs sont confrontés à ces nouvelles tendances : réactions sur les réseaux sociaux, gamification, accès aux services à partir des outils mobiles que sont les smartphones et tablettes... Chacun à leur manière, nos collaborateurs ont tous une culture digitale. Ce que nous souhaitons, c'est renforcer leur conscience des enjeux et des impacts du digital sur notre activité, pour ce qui concerne les attentes de nos clients comme les relations de travail au sein de l'entreprise.
Depuis leur création, ce qui est au cœur du succès des GAFA, c'est l'intégration dans leurs modèles de standards très élevés en terme d'expérience client, de simplicité et de fluidité des outils qu'ils proposent. Tout est intuitif et accessible en permanence ! Les assureurs, qui ont la réputation d'être peu pédagogiques avec leurs

clients, ne doivent pas se laisser distancer. Il nous faut redoubler d'efforts pour fournir à nos clients des offres, des services et des conseils à la hauteur de ces nouveaux standards. Lorsque nous avons construit notre plan stratégie We Demain, nous nous sommes demandés : « que se passerait- il si demain Google, Apple ou Amazon vendaient de l'assurance ? ». Les assureurs, qui pendant longtemps, avaient une relation avec leurs clients qui se limitait à la souscription d'un contrat, puis la gestion des sinistres, doivent aujourd'hui repenser l'expérience qu'ils font vivre à leurs clients et fournir une qualité de service irréprochable, plus simple, plus intuitive, plus rapide. Nous devons entretenir le lien avec nos clients, avec des prises de contact qui leurs sont utiles, et en faisant preuve de pédagogie.

Comment vous adaptez-vous à ces nouvelles exigences de vos clients ?

Nous sommes convaincus qu'un des enjeux est de créer une relation privilégiée avec nos clients tout le long de la vie du contrat, de la souscription, à la gestion du sinistre et jusqu'à la résiliation s'il y a lieu !

La technicité des offres n'est plus aujourd'hui le facteur sur lequel les assureurs peuvent faire la différence. Nos clients attendent de la simplicité, de l'accessibilité, du multicanal (voire de l'omni canal) et des services de conseil à l'assurance, de prévention, à tous les moments de vie.

Avant le digital, un client était attaché à un réseau de distribution et le réseau était « propriétaire » de son client. Aujourd'hui, avec les nouveaux usages induits par la généralisation d'internet et du mobile, l'assuré choisit son canal d'interaction. Il veut pouvoir accéder à nos offres et services via son mobile, sa tablette, par téléphone ou auprès de son agent ou courtier, quel que soit l'heure ou le jour.

Nous avons adapté notre organisation avec la mise en place de ce que nous avons appelé un « nouveau contrat social » : afin d'être plus disponibles pour nos clients quand ils ont besoin de nous joindre, chaque équipe a choisi, avec son manager, les horaires répondant le mieux à leurs enjeux. En parallèle, nous avons souhaité que nos collaborateurs disposent de plus de flexibilité au quotidien, dans un souci d'équilibre entre leur vie privée et leur vie professionnelle. Pour cela, nous avons mis en place le télétravail (entre 4 et 8 jours par mois), et le travail en télé-centre.

Nous travaillons également sur la problématique du big data. Il s'agit d'un formidable outil pour connaître nos clients, lutter contre la fraude, apporter un conseil personnalisé ou encore une prévention efficace et ciblée. Tout cela en maintenant bien sûr la confidentialité des données personnelles ! Les données, anonymisées et agrégées, doivent nous aider à améliorer l'offre pour nos clients.

Nous sommes convaincus que la prévention est au cœur de la proposition de valeur que nous pouvons faire à nos clients. En les sensibilisant aux risques, et en les accompagnant pour mettre en place des mesures de prévention, nous n'intervenons plus simplement pour régler les sinistres mais nouons également une relation durable avec eux. Ainsi, nous proposerons à partir du mois de janvier 2017 à nos entreprises ayant souscrit un contrat santé / prévoyance collectifs chez nous, de faire bénéficier à leurs salariés d'un programme de prévention et de bien-être innovant. Avec le programme Generali Vitality, nous répondons à une demande croissante d'accompagnement en matière de bien-être au travail et de prévention des risques psycho-sociaux.

Par quels moyens parvenez-vous à ancrer cette culture digitale au sein de l'entreprise ?

Nous avons lancé en juin 2016, We Digit#all, un programme d'acculturation au digital pour permettre à chaque collaborateur de comprendre les enjeux et applications du digital. Ce programme aborde aussi bien le contexte et les enjeux du digital que les outils collaboratifs, les nouveaux usages ou encore le big data et l'essor du multicanal. Nous proposons d'abord un autodiagnostic aux collaborateurs à partir duquel est déterminé un profil de connaissance en matière de digital : néophyte, connaisseur ou expérimenté. Les membres du Comité Exécutif se sont également prêtés au jeu !

Depuis septembre, les collaborateurs ont accès à des modules interactifs thématiques, des conférences, des ateliers... Ils ont également à leur disposition une digithèque, une plateforme en ligne avec des informations, articles, vidéos sur le digital. La formation permet de valider une certification reconnue par la branche. Objectif : que nos 7000 collaborateurs aient obtenu leur certification d'ici 2018.

Au-delà du digital, la transformation de l'entreprise passe également par une culture de l'innovation. Pour cela, nous avons mis en place dès 2014 des cellules créatives permettant de faire émerger de nouveaux projets au sein de l'entreprise. Et récemment, nous avons organisé un hackathon impliquant 150 jeunes volontaires qui ont proposé des centaines d'idées sur ce que sera Generali France demain. Ils ont ensuite pris la parole devant l'ensemble des directeurs en « pitchant » leurs idées sur la méritocratie, l'intrapreneuriat, la collaboration entre les équipes, l'expérience client... Cela a donné lieu à des propositions très novatrices, auxquelles nous n'avions pas pensé ou qui ont apporté des éclairages complémentaires aux chantiers déjà en cours.

Philippe Perret

Directeur Général

Société Générale Insurance

Les objets connectés transforment le secteur de l'assurance et semblent être une opportunité pour devenir proches des clients, pour personnaliser des offres et des services. Au sein de votre groupe, vous avez développé une stratégie numérique ambitieuse. Pouvez-vous nous décrire ses principaux objectifs ?

Société Générale Insurance s'appuie sur un modèle de bancassurance intégrée, solide, efficace et qui est au cœur de la stratégie du groupe Société Générale. Notre développement est porté par la richesse et la fréquence des contacts à tous les moments clés de vie avec nos clients, notre capacité à appréhender l'ensemble de leurs besoins, à adapter et enrichir continuellement nos gammes de produits et de services. La révolution numérique est une opportunité pour Société Générale Insurance et notre stratégie digitale vise à mobiliser les avantages comparatifs de notre modèle de bancassurance intégrée. Les contacts réguliers que les clients entretiennent avec leur banque via les outils numériques constituent un levier important de développement. Ainsi, en 2015, la Société Générale a enregistré 800 millions de contacts digitaux avec ses clients sur le web ou sur applis, et ce chiffre devrait bientôt dépasser le milliard. Ce trafic est pour nous un point d'appui décisif et notre priorité est de saisir l'opportunité que constitue la révolution digitale pour construire la bancassurance omnicanale et digitale de demain.
Engagée en étroite collaboration avec les réseaux distributeurs du Groupe, notre stratégie répond à quatre objectifs :

- Moderniser les outils des réseaux physiques et des plateformes pour optimiser l'expérience client,
- Permettre à nos clients d'être en contact avec leur banque et leur bancassureur à tout moment selon un continuum d'informations,
- Enrichir les fonctionnalités assurance des applis de nos banques partenaires,
- Offrir à nos clients de nouveaux services digitaux à forte valeur ajoutée.

Cette stratégie numérique ambitieuse, déjà bien engagée, s'appuie sur des approches de data marketing assurance qui valorisent la connaissance client et optimisent les offres et les démarches commerciales multicanal. Elle est également portée par une démarche Innovation d'entreprise, portée par l'ensemble de nos métiers, qui favorise l'expérimentation et la multiplication des initiatives au service des clients. 2016 et 2017 seront des années clés en termes de réalisations et d'investissement, pour aller vers la bancassurance omnicanale de demain.

Le développement et le déploiement des objets connectés ont une conséquence, la multitude des données massives générées qui permettront probablement aux assureurs de proposer de nouvelles offres se basant, en partie, sur

les données personnelles des clients. D'ailleurs, Société Générale Insurance a la volonté de s'engager dans l'assurance automobile de demain. Quelles en seront les principales caractéristiques ?

Nos initiatives en matière d'objets connectés sont basées sur l'observation des comportements des clients et la compréhension des macro-tendances identifiées dans notre secteur. Les clients nous disent attacher de l'importance à leur autonomie, à leur sécurité. Ils nous disent aussi ne pas voir suffisamment, dans le domaine de l'assurance automobile, la valeur ajoutée des assureurs. Dans le même temps, nous voyons arriver rapidement la voiture connectée aujourd'hui... autonome demain. Notre réponse ? Tester une palette de nouveaux services à destination de nos clients. Prenons l'exemple de Star Drive by Sogessur.
Star Drive by Sogessur, véritable coach de conduite, est une application innovante de conduite connectée qui marque notre volonté d'inventer l'assurance auto de demain. C'est un exemple concret de notre stratégie digitale qui allie objet connecté, data et amélioration du service client.
Disponible depuis février 2016, l'application permet au conducteur d'évaluer et de perfectionner sa conduite en fonction de quatre critères : vitesse, accélération, freinage et prise de virages. L'Appli intègre des mécanismes de jeux (challenges, chèques cadeaux) pour gagner en attractivité. L'intégration de ces principes de jeu permet de s'adresser à une population plutôt jeune et connectée, population qui est également l'une des plus touchées par les accidents de la route. Star Drive se positionne donc avant tout un outil de prévention qui permet de mesurer sa prudence, au bénéfice de tous.
Star Drive by Sogessur constitue également la première étape d'un projet à plus long terme. On peut imaginer tarifer dans un futur proche les risques d'assurance automobile grâce à une connaissance approfondie du client. Aujourd'hui, les tarifs sont personnalisés, mais avec les objets connectés, et notamment Star Drive by Sogessur nous pouvons avancer vers une segmentation plus fine de la clientèle.
En complément de Star Drive by Sogessur, un dispositif d'équipement télématique des flottes automobiles assurées par Société Générale Insurance est déployé en Italie, l'un des marchés les plus en pointe dans le domaine du Pay How You Drive. Ce dispositif est complémentaire de Star Drive by Sogessur en matière de collecte de données comportementales. Les bénéfices directs pour le client et l'assureur : la prévention du vol et de la fraude et l'amélioration de la qualité de la conduite.

Les données massives (big data) générées par ces outils connectés (objets, boitiers, smartphones,...) semblent représenter pour certains assureurs, un gisement inégalé de connaissance. Quelles visions avez-vous de l'utilité et de

l'impact de l'analyse de ces données pour les assureurs ? Par ailleurs, les données intelligentes (smart data) participeront-elles, selon vous, à transformer le métier de l'assureur ?

La donnée est la matière première de l'assureur dont le métier est basé sur la prévision et l'estimation des risques par les actuaires. La construction de notre Système d'information Décisionnel est initiée depuis maintenant plusieurs années. Plusieurs dataware house et datamart ont été construits progressivement depuis 15 ans. La mise en conformité avec la directive européenne Solvabilité 2 a été un accélérateur qui a permis d'effectuer un bond qualitatif en matière de travaux relatifs à la Data : cartographie, traçabilité et qualité des données, ...

Aujourd'hui, Société Générale Insurance s'inscrit dans une démarche de valorisation de son patrimoine de données en tirant partie de son ADN de bancassureur intégré :

• En rassemblant et ordonnant ses données clients/contrats : caractéristiques des assurés, contacts, demandes, contrats, devis, démographie, primes émises/payées, sinistres, ... ;

• En enrichissant et complétant sa vision assureur des données des partenaires, réseaux distributeurs en priorité mais aussi partenaires de services comme les plateformes ou réseaux de soins ;

• En intégrant les données semi-publiques ;

• En collectant de nouvelles données générées par l'essor du digital et des objets connectés : aujourd'hui box, boitiers habitation (domotique), données de navigation / objets connectés et demain réseaux sociaux, ...

L'exploitation de ce patrimoine de données est une source d'opportunités pour Société Générale Insurance. Les données et le digital vont nous permettre d'actionner de nouveaux leviers et de répondre à 3 enjeux majeurs :

• Mieux connaître notre portefeuille d'assurés et en suivre sa déformation pour orienter la politique commerciale, personnaliser nos communications, développer l'équipement de nos clients mais aussi prévenir et réduire l'attrition...

• Concevoir de nouveaux produits et services : assurer de nouveaux usages (ex : covoiturage, ...) en tirant partie de la modélisation des comportements, offrir de services de prévention et d'Alerting portés par les progrès en domotiques, proposer des offres et services plus personnalisés.

• Enfin, adapter nos études et méthodes actuarielles afin de tarifer au plus près du risque, de lutter contre la fraude en détectant les signaux faibles, les comportements anormaux, les informations falsifiées, ...

Le métier d'assureur s'est construit sur la maîtrise des données. Société Générale Insurance a pris le virage du Big Data et nous sommes prêts à relever les défis de la révolution numérique.

Jean-Marc Raby

Directeur Général

Groupe MACIF

Révolution numérique, nouveaux comportements, comment une entreprise fondée sur des valeurs de solidarité aborde-t-elle les bouleversements du secteur de l'assurance ?

D'abord en restant ferme sur ses fondamentaux, en veille sur les évolutions de l'environnement, des comportements et des usages, attentive aux opportunités en dépassant les seuls investissements dans des entreprises innovantes. De quoi parle-t-on ?
• « L'uberisation » : une nouvelle forme d'intermédiation par des acteurs qui, en se multipliant, n'améliorent pas forcément la compétitivité des tarifs pour les assurés ;
• Le développement de la réglementation et de la « soft law », sans doute nécessaire mais risquant de banaliser les offres et renchérir le coût d'acquisition et de gestion des contrats, pousse donc à l'augmentation des tarifs ou à la destruction de la valeur ;
• Le « Big Data », ou plutôt l'augmentation de la capacité de collecte et de traitement des données, impacte la base même du métier d'assureur en individualisant chaque risque et le tarif correspondant, et exclut potentiellement les porteurs de risques aggravés ;
• L'évolution des modes de consommation, qui passant de la propriété à l'usage, transforme significativement la matière assurable… .
Je reste convaincu que, parmi nos atouts originels, la solidarité reste moderne et doit s'exprimer d'abord dans les métiers et les offres de l'entreprise, toujours au bénéfice des assurés.

Quelles formes prennent les évolutions que vous évoquez ?

En matière de relation client, nous restons sur un modèle de mutuelle sans intermédiaire qui a fait la preuve qu'il évite aux sociétaires des coûts sans valeur ajoutée. Cela ne nous prive pas de renforcer notre accessibilité en développant des canaux complémentaires d'entrée en relation, de contractualisation et de gestion des événements. Ou encore d'adapter notre relation client aux nouveaux standards des consommateurs (horaires d'ouverture, développement du faire soi-même, ...).
La concurrence exacerbée et l'arrivée sur le marché de nouveaux acteurs multiplient les sirènes auprès des assurés. Notre promesse client, reconnue depuis plus de cinquante ans, doit se renforcer, notamment par la reconnaissance de la fidélité des assurés dans le temps, illustration concrète de leur appartenance à la communauté des sociétaires de la mutuelle.
Le Big Data doit également être abordé sous cet angle. Plutôt que de céder à la tentation d'individualiser à outrance les situations, de stigmatiser des comportements, de décourager les assurés et détruire de la valeur, nous souhaitons que la meilleure

connaissance des risques permette d'établir les justes niveaux de mutualisation, de tirer un bénéfice collectif en termes de prévention et, in fine, de réduire les tarifs pour l'ensemble des sociétaires.
Enfin, un assureur mutualiste comme la Macif est nativement disposé à prendre en charge les évolutions sociétales. Par exemple, leader depuis vingt ans de l'assurance de l'auto-partage, nous savons parfaitement répondre aux besoins émergents de communautés de consommateurs : notre gamme a été récemment enrichie d'une offre mobilité construite avec un partenaire européen, offrant à nos sociétaires la possibilité de passer concrètement de la propriété de leur véhicule à son usage : covoiturage, location entre particuliers, location moyenne durée. Dès aujourd'hui, en enrichissant nos offres et en renforçant l'accessibilité et la compétitivité de notre organisation, nous adaptons quotidiennement la Macif à son marché.

A plus long terme, que constate-t-on s'agissant spécifiquement du marché domestique de masse sur lequel le groupe Macif opère ?

Avec le développement croissant de la connaissance des risques, la matière de l'assureur des particuliers glisse vers davantage de segmentation et donc moins de mutualisation. A défaut d'un périmètre sans cesse élargi, la décroissance de la matière assurable, et donc des primes et cotisations, est inéluctable. La création de valeur liée à la gestion des risques se déplace en faveur des acteurs globaux, en particulier les réassureurs.
Parallèlement, le risque de contestabilité économique s'accroît, c'est-à-dire que la probabilité que de nouveaux acteurs interviennent sur le marché avec un modèle en rupture devient forte.

En synthèse, l'assurance des particuliers est à la veille d'un grand bouleversement, et les acteurs actuels du marché – dont la Macif – ont un double challenge à mener de concert : adapter l'offre de garanties et de services aux évolutions du marché, et surtout préparer l'entreprise à devoir changer très vite. Autrement dit, au-delà de l'agitation nécessaire et finalement assez traditionnelle pour suivre le marché, c'est davantage l'agilité de l'entreprise qui déterminera son futur. Dans notre secteur, la transformation des organisations et de la culture interne est un chantier vital et immédiat, qui trouve une pleine légitimité mutualiste si elle est orientée au bénéfice des assurés.

André Renaudin

Directeur Général

AG2R La Mondiale

Un vent nouveau se lève sur notre économie et notre société. La pénétration croissante de technologies est telle qu'il n'est plus exagéré de parler aujourd'hui de révolution. Les effets, chaque jour plus sensibles, tant sur les individus que sur les organisations, nécessitent d'aborder, pour l'industrie de l'assurance, cette révolution numérique. Révolution numérique qui modifie la chaîne de valeur du secteur de l'assurance et en recomposent l'écosystème. Les entreprises du secteur doivent donc s'adapter à ces nouveaux enjeux et entrer pleinement dans cette nouvelle ère de la révolution numérique. Quels sont les défis majeurs que doivent relever les entreprises du secteur de l'assurance et les Institutions de Prévoyance en particulier ?

Après un démarrage tardif, le secteur de l'assurance est désormais en mutation. Commercialisation et comparaison en ligne, relation clients et gestion de plus en plus dématérialisée, les sociétés d'assurance se penchent aujourd'hui sur la blockchain, car cette technologie pourrait permettre notamment de construire de nouveaux systèmes d'assurance via internet sans intermédiaire.
L'assurance santé est particulièrement exposée à la révolution numérique : les applications mobiles et le développement des objets connectés vont radicalement transformer l'assurance santé dans les cinq prochaines années. Depuis peu fleurissent de nombreux outils destinés à la surveillance des fonctions vitales : alimentation, activité physique, conseils santé contextuels, suivi de la santé au quotidien : suivi glycémique, calcul du risque cardiovasculaire, analyse du sommeil… « Des applis révolutionnent même l'approche thérapeutique » titrait récemment Les Echos. Les défis sont donc nombreux.
Le premier consiste à intégrer pleinement ces nouvelles dimensions dans nos métiers, nos organisations et nos modèles économiques, dont il faut identifier le nouvel équilibre.
La génération massive de données de santé constitue un enjeu en termes d'accès et d'utilisation pour les différents acteurs. L'intégration du Big data, notamment pour les actions de recherche et de prévention, représente aussi un défi majeur et immédiat dans les activités des « complémentaires santé ». Le respect de la vie privée et la sécurité sont, de fait, les autres défis à relever.

Certains dirigeants sont favorables aux « nouvelles organisations agiles », à une hiérarchie « plus plate et en recherche de plus d'autonomie », cela constituant pour eux un atout sur lequel appuyer une stratégie de transformation digitale. De ce point de vue et dans un contexte d'accélération du déploiement des technologies numériques, comment voyez-vous la transformation de votre entreprise ?

Le secteur de l'assurance en France n'a pas subi la déferlante digitale qui a fait trembler de nombreux secteurs à travers le monde : Uber et les taxis, Airbnb et les hôtels, Facebook et les médias...
L'assurance est un secteur particulier pour lequel la révolution digitale a pris un peu plus de temps, compte tenu de la spécificité des produits et services vendus nécessitant une dimension de conseil et de confiance importante. Plusieurs causes expliquent cela : en particulier le fait que la profession est très règlementée et que le métier, fortement technique, est structuré autour de la mutualisation des risques. Le moteur de la transformation de notre Groupe est l'écoute des besoins, des attentes et des nouvelles pratiques du client. L'entreprise s'organise et se transforme en fonction des solutions à apporter.
Aujourd'hui nos clients se renseignent de plus en plus sur le Web, ils se déplacent dans les agences, sollicitent nos plateformes téléphoniques ou reçoivent la visite d'un conseiller commercial. Pour réussir à mettre en place une stratégie cross-canal efficiente, notre entreprise s'adapte pour optimiser la transversalité et insérer judicieusement des compétences, du conseil, là où le client l'attend.
Pour illustrer ce propos, je prendrai deux exemples : le premier concerne le lancement de la complémentaire santé collective sur notre site e-commerce. La souscription se fait entièrement en ligne avec signature électronique. À tout moment, l'entreprise peut s'appuyer sur une plateforme téléphonique dédiée pour bénéficier de ses conseils. Le second exemple concerne la mise à disposition d'un outil de diagnostic sur la pénibilité dans les entreprises. Sur la base des données enregistrées, nous les accompagnons ensuite dans le domaine de la prévention et de la santé au travail. La transformation de notre entreprise consiste à associer un dispositif « humain » dans le dispositif digitalisé et simplifié de la relation.

Pour les entreprises, la transformation des organisations se profile, la transformation digitale modifiant également les métiers historiques de notre Industrie. La réorganisation des activités entraîne, de fait, un changement dans les rôles et les missions d'hier, et conduit à redéfinir les besoins en compétences de demain. Qu'en pensez-vous ? Quelle est votre vision sur ce sujet ?

L'entrée dans ce « nouveau monde digital » implique une adaptation de chacun. La transformation digitale a été prise en compte dans le Plan stratégique et dans l'organisation. Nous avons créé une Direction générale déléguée au Digital avec pour objectif notamment de développer le canal internet afin de renforcer à la fois la couverture et la richesse des relations avec nos clients.
Par ailleurs, pour accompagner nos collaborateurs dans leurs projets d'évolu-

tion personnelle et dans l'acquisition de nouvelles compétences, nos équipes ont construit un espace développement RH digital et personnalisé.
Cet espace enrichi de vidéos « métiers » a été spécifiquement conçu pour donner l'information utile sur les métiers du Groupe et leurs évolutions et pour mettre à leur disposition les ressources nécessaires à leur développement professionnel.
Les évolutions technologiques changent nos vies : elles changent également notre mode de travail. Dans la relation au client, par exemple, l'approche est différente en fonction des étapes de vente et d'après-vente : le réseau physique rempli un rôle de conseil sur les cibles complexes (professionnels, entreprises, patrimonial), la relation à distance est, quant à elle, adaptée aux marchés des particuliers. Par contre, concernant l'après-vente et ce, quel que soit le marché, le digital est en plein essor grâce au développement du self-service, via internet. L'entreprise se doit donc de s'organiser en fonction des usages et des besoins du client.

ZOOM :

l'administrateur au cœur des transformations

Thierry Martel

Directeur Général

Groupama

Pourquoi l'information et la formation des administrateurs représentent un enjeu majeur pour Groupama ?

Une gouvernance informée et formée, c'est une clé de réussite du développement de notre Groupe. Groupama est une mutuelle d'assurance qui appartient à ses sociétaires, qui élisent des administrateurs pour les représenter. Les assurés qui font confiance à Groupama sont beaucoup plus que de « simples » clients : ils sont des sociétaires qui contribuent à la vie de leur territoire, sont membres d'une communauté de sociétaires et disposent de plusieurs interlocuteurs de proximité (salariés et administrateurs, représentants élus de sociétaires).
Ces administrateurs ont besoin d'être accompagnés au regard de leurs responsabilités tant au niveau de la performance économique du modèle de gouvernance et dans la promotion de ses valeurs mutualistes, que dans la réponse aux attentes des clients sociétaires d'aujourd'hui et de demain.
Acteur historique du secteur assurance, Groupama bénéficie d'un maillage territorial unique en son genre, fort de l'expertise terrain de 41 300 administrateurs bénévoles et engagés, véritables relais de proximité des sociétaires, aux côtés des salariés. L'information et la formation des administrateurs sur les évolutions du marché de l'assurance, tant les incertitudes de l'environnement que les opportunités pour Groupama, sont la garantie que ce réseau fonctionnera à son meilleur niveau pour être pleinement acteur de la stratégie et de la réussite du Groupe.
La proposition d'un parcours de formation adapté est une réponse à l'engagement de l'administrateur, qui incarne le modèle mutualiste à tous les niveaux de responsabilités (local, départemental, régional et national). En prise directe avec le terrain, l'administrateur doit relayer l'information et les demandes et préoccupations des sociétaires, travailler en étroite collaboration avec le réseau commercial, animer un conseil d'administration, … . Il doit assimiler une masse croissante d'informations et disposer des connaissances indispensables à la compréhension de l'entreprise et de son environnement qui évolue très rapidement (concurrence, législation, marchés financiers…).
Savoir, savoir-faire et savoir être sont donc essentiels.

L'accompagnement des administrateurs est incontournable dans l'acquisition de connaissances facilitant la compréhension :

1. Des métiers de Groupama et de sa stratégie de développement :

• Les enjeux et mécanismes d'exercice des métiers de base : assurance, banque et services,

• Le contexte règlementaire du secteur de l'assurance, incluant Solvabilité II,
• L'environnement géopolitique des pays où Groupama est présent,
• Les conséquences du dérèglement climatique sur la gestion des risques,
• L'organisation et la stratégie du Groupe… .

2. Des évolutions économiques et sociétales dans les territoires de proximité :
• Les mutations en France : l'accélération du mouvement des hommes, des marchandises, des capitaux – la concentration de la production dans les métropoles – la concurrence entre territoires non métropolitains pour capter des ressources – les nouvelles régions…,
• Les évolutions technologiques et le développement du numérique, les applications et les enjeux du big data dans les activités de services (assurance…),
• Les tendances de la société française : la plus grande prise en compte des enjeux du développement durable, l'essor de l'économie collaborative (uberisation des services), les attentes des jeunes générations (transparence, collaboratif, engagement citoyen…).
A cela s'ajoute pour l'administrateur le besoin d'identifier les impacts de ces tendances sur la stratégie des acteurs socio-économiques et leur traduction à Groupama dans la gestion de la relation client sociétaire (approche multi canal, offre de produits et services…).

Quel dispositif Groupama a-t-il mis en place pour répondre à ce défi d'information et de formation de ses administrateurs ?

La formation insuffle dans notre organisation une réelle dynamique collective participant à la réaffirmation de son identité mutualiste et à la valorisation de la qualité de sociétaire Groupama.
C'est un vecteur de développement des compétences (techniques et personnelles) mais également un levier de reconnaissance de l'implication des administrateurs et de leurs rôles aux côtés des salariés. C'est également un facteur d'attractivité pour des sociétaires de toutes générations et de toutes professions qui souhaitent s'impliquer dans nos conseils d'administration. Ainsi Groupama a créé l'Université des Elus en 2014 au sein même de son organisation, afin d'assurer un accompagnement optimal des administrateurs dans la compréhension de l'environnement et de la stratégie du Groupe et également dans l'exercice de leurs missions.
Ces dernières sont relatives aux trois rôles clés de l'administrateur Groupama :
• Animateur de la vie institutionnelle : conseils d'administration, assemblée générale, recrutement de nouveaux administrateurs,

• Ambassadeur de Groupama : promotion de la marque et de ses valeurs, rayonnement dans les territoires,
• Gestionnaire responsable : respect du budget et contribution à la maîtrise des risques.

Le dispositif a été mis en place avec le concours de l'ensemble des Caisses régionales tant dans la co- conception des bagages de formation que dans la mise en commun d'un réseau d'intervenants référencés. La formalisation de parcours explicites, déclinables en régions apporte une cohérence à la formation, traduite par une cartographie claire des modules de formation aux différents échelons.

Le digital a été intégré dans sa capacité à faciliter les échanges à distance mais l'essentiel de la formation à Groupama se déploie sous la forme de sessions en présentiel favorisant la richesse du partage entre participants. Un parcours d'acculturation au digital incluant l'utilisation des réseaux sociaux a été développé ainsi qu'une application d'auto formation (via internet depuis son PC ou en mode embarqué sur iPad) dédiée à des administrateurs régionaux.

Le principe des trois C comme « Collectif », « Compétences » et « Curiosité d'esprit » anime toute la vie de cette Université. C'est une véritable communauté d'apprentissage via le partage d'expériences et de bonnes pratiques, ce qui apporte relief et efficacité à la contribution de l'administrateur à la performance de notre modèle économique. Parmi les programmes de formation mis en place, nous disposons par exemple de conférences débats ainsi que de Cycles nationaux et de séminaires incluant des outils ludiques tels que des jeux d'entreprise, des vidéos et des quiz.

L'Université des Elus est également un terrain d'innovation et d'expérimentation comme en témoigne le contrat de partenariat de recherche avec la Chaire de prospective et développement durable du Cnam (Conservatoire national des arts et métiers) sur la dynamique des territoires. Ce croisement des expertises pour mieux comprendre les mutations des territoires et anticiper leurs évolutions a mobilisé chercheurs, administrateurs et salariés de Groupama sur le périmètre de notre Caisse régionale « pilote », Groupama Rhône-Alpes Auvergne.

Les commerciaux et les administrateurs ont pu ainsi partager des outils de diagnostic territorial pour anticiper et rendre efficaces les actions commerciales, en mieux utilisant la connaissance terrain et les réseaux d'influence, au bénéfice de la satisfaction des sociétaires.

Quel rôle jouent les administrateurs dans la construction de Groupama d'aujourd'hui et de demain ?

L'assurance de demain se prépare avec la gouvernance d'aujourd'hui. En effet, la préparation de l'avenir se traduit par l'implication régulière des administrateurs à plusieurs niveaux :
• La validation et l'accompagnement du plan stratégique du Groupe,
• La réaffirmation de l'identité de Groupama, des atouts de son modèle mutualiste et de ses valeurs (proximité, responsabilité, solidarité),
• L'anticipation des mutations de l'environnement avec l'appui d'experts, étape incontournable à toute démarche agile et innovante.

Le « challenge » pour l'administrateur est de :
• Comprendre ce qui se passe, anticiper et détecter des opportunités de développement,
• Etre capable de poser les bonnes questions et en attendre des réponses à la hauteur des enjeux,
• Etre force de proposition,
• Relayer et argumenter efficacement la stratégie du Groupe auprès de collègues, de sociétaires, de prospects et de partenaires.

Son implication peut se traduire via :
• La co-conception d'offres de produits et services associant des sociétaires,
• Le débat sur le terrain qui est un véritable signe d'engagement,
• La participation à la vie de la communauté des sociétaires, avec des actions de proximité physique (communication et prévention des risques) complétée par des outils digitaux,
• Le développement de relations avec des réseaux d'influence au cœur des nouvelles régions administratives et la conclusion de partenariats créateurs de valeur pour Groupama, acteur clé dans les territoires.
Dans son rôle de gardien de la pérennité du modèle de gouvernance mutualiste, l'administrateur démontre son aptitude à capter et anticiper les évolutions de l'environnement, y déceler les opportunités, participer à l'examen et à l'expérimentation de solutions pour l'assurance de demain.
La pleine réussite de la stratégie de Groupama s'exprime de façon opérationnelle dans sa capacité à mobiliser toutes les forces vives, salariés et administrateurs, au bénéfice du développement et de la satisfaction des sociétaires.

II - FOCUS : l'économie collaborative

Repères

- 3,6 milliards d'Euros c'est le chiffre d'affaires des plateformes de l'économie collaborative des cinq secteurs clés : finance, hébergement, transport, services à la personne et services aux entreprises en Europe durant l'année 2015. 83 milliards d'Euros c'est le chiffre d'affaires des plateformes de l'économie collaborative des cinq secteurs clés : finance, hébergement, transport, services à la personne et services aux entreprises en Europe d'ici 2025 [1]

- Sur 275 acteurs identifiés de l'économie collaborative en Europe, 50 sont implantés en France et 50 au Royaume-Uni [1]

- Plus de 9000 startups composent le marché potentiel de l'économie collaborative [2]

- 32% des Français indiquent recourir à des pratiques de mobilité collaborative dont 21% pour le covoiturage [3]

- 40% des Français recherchent le côté pratique de l'économie collaborative [4]

- 36% y ont recours pour des raisons économiques [4]

1) Etude PWC, 2016
2) Forbes, 2013
3) Baromètre MACIF de la mobilité durable
4) Enquête Ouishare 2014

& verbatims

« Dans un contexte bouleversé par l'économie collaborative et le numérique, les besoins des adhérents ont profondément évolué. Les mutuelles en ont conscience et ont besoin de marges de manœuvre pour répondre à ces nouveaux besoins. » explique **Thierry Beaudet**, Président de la Mutualité Française le 28 septembre dernier aux Journées de rentrée de **la Mutualité Française**.

« Nous pouvons transmettre aux acteurs de l'économie collaborative notre compétence sur la façon d'allier principes éthiques et principes entrepreneuriaux, ainsi que sur celle dont on implique le consommateur client pour qu'il développe un affectio societatis, un sens de la communauté. Dans l'autre sens, l'économie collaborative peut nous apprendre la souplesse, l'agilité et l'innovation : l'ESS (économie sociale solidaire) est un secteur qui regroupe de vieilles et belles maisons, mais celles-ci doivent parfois apprendre à remettre en question leurs modes de fonctionnement. » précise **Dominique Mahé**, Président du Groupe MAIF en novembre dernier dans **Alterecoplus**.

« Par ailleurs, l'adaptation aux nouveaux comportements et modes de consommation, tels que les réseaux sociaux ou l'économie collaborative sont des sujet phares. Chez AXA, nous avons par exemple signé un partenariat avec BlaBlaCar afin d'assurer les trajets des clients de BlaBlaCar dans 6 pays,... » déclare **Amélie Oudéa-Castera**, Directrice Marketing et Digital du Groupe Axa en septembre dernier sur le site des **Trophées de l'Assurance**.

« L'économie du partage repose sur la confiance. Les plates-formes collaboratives agissent comme des tiers de -confiance et les assureurs apportent une caution supplémentaire. Il y a ainsi un effet de levier sur leurs taux de conversion quand elles peuvent s'appuyer sur un assureur. » déclare **Quentin Poizat**, Directeur E-Commerce de Mondial Assistance en octobre 2015 dans les Echos.

« L'économie collaborative peut être un relais de croissance, car on sent une vraie appétence pour ce mode de consommation, surtout dans une période de crise. » estime **Tanguy Le Maire**, Chargé de la clientèle des particuliers chez Generali France en octobre 2015 dans les Echos.

Pascal Demurger

Directeur Général du groupe MAIF

Vice-Président de la Fédération Française de l'Assurance

Président de l'Association des Assureurs Mutualistes

Depuis 10 ans, nous assistons à l'essor de l'économie collaborative qui apparaît sous diverses formes telles que la consommation partagée, les modes de vie collaboratifs ou le financement participatif. Pouvez-vous nous expliquer en quoi consiste ce mouvement ?

La remise en cause croissante de la propriété, combinée à différentes ruptures technologiques, a permis l'émergence d'un modèle coopératif et décentralisé d'échange de biens et services. Dans de nombreux secteurs, allant de la connaissance à la finance en passant par la consommation, cette économie collaborative permet de répondre par l'innovation à des besoins qui n'étaient jusqu'à présent satisfaits ni par le marché, ni par la sphère publique. Sur le plan sociétal, l'économie collaborative favorise le développement d'un nouveau vivre ensemble, moins individualiste et plus responsable dans la gestion de ressources limitées.

Mais ne nous y trompons pas, l'économie collaborative est un concept fourre-tout, utilisé pour désigner des pratiques allant du don à la société Uber. Sous couvert d'entrepreneuriat, les chauffeurs y sont placés dans une situation de forte dépendance économique et supportent l'essentiel des risques liés à l'activité, comme les ouvriers à la tâche du XIXème siècle. Cet exemple ne doit pas jeter le discrédit sur tout un mouvement dont il a trahi l'esprit. Toutefois, il appelle à la vigilance vis-à-vis d'un concept qui peut être porteur d'une certaine ambigüité. Si l'économie collaborative est coopérative, elle n'est pas nécessairement désintéressée. Elle repose souvent sur la monétisation de relations jusqu'alors non marchandes et peut conduire à la concentration de richesses entre les mains du propriétaire de la plateforme, au détriment de la collectivité.

Au sein des services déployés par « l'économie collaborative », la confiance semble être un élément indispensable, celle-ci pouvant être altérée au moindre problème. Selon vous, l'assureur peut/doit-il être un tiers de confiance indispensable, s'intègre t-il naturellement dans la chaine de valeur des services proposés par les acteurs de l'économie collaborative ?

L'économie collaborative se distingue en général des entreprises traditionnelles par la jeunesse et la faible taille de ses structures. Si elles en tirent agilité et capacité à innover, cela peut également provoquer un déficit de confiance d'utilisateurs potentiels. Aussi, certaines cherchent à associer leur image à celle d'un acteur établi, qui se porte garant du professionnalisme et de la pérennité du service. Qui de plus rassurant qu'un assureur ? Cette association est d'autant plus naturelle que l'assureur est par nature « sharing friendly » : la mutualisation est son métier.

Outre son image, l'assureur apporte un service qui doit être à la hauteur de la

proposition de valeur de son partenaire. Il y a deux ans, un particulier s'était fait voler son véhicule suite à une mise en relation sur une plateforme d'auto-partage. L'assureur avait refusé de l'indemniser, arguant que le contrat prévoyait une exclusion pour ce motif. L'effet déceptif a été au-delà de la prestation d'assurance et a ébranlé la relation de confiance que la plateforme cherchait à établir avec ses utilisateurs. Cet exemple illustre le besoin d'une couverture très large, au risque que l'assurance associée à la plateforme fasse doublon avec celle du propriétaire du bien. Pour l'assureur, cela suppose d'être capable de proposer une offre innovante, répondant à des besoins spécifiques, tels que la couverture liée à l'usage ponctuel d'un bien plutôt qu'à sa détention. A l'image de ses nouveaux partenaires, l'assureur doit être suffisamment agile pour développer ses offres dans des délais très courts. Cela peut nécessiter des adaptations du système d'information, voire de l'organisation dans son ensemble.
Ces garanties nouvelles, l'assureur doit parvenir à les tarifer. L'économie collaborative conduit à une intensification de l'usage des biens, ce qui change profondément le risque associé. Assurer une voiture qui roule 2% du temps est très différent de la couverture de l'outil de travail d'un professionnel du transport de personnes à la demande. Sur le plan technique, l'assureur perd la possibilité de sélectionner a priori les risques, puisqu'il subit les mises en relations initiées par la plateforme. La dissociation entre le propriétaire et utilisateur d'un bien met également à mal sa connaissance a posteriori du risque : l'information sur le premier n'est plus pertinente et celle sur le second n'est pas nécessairement disponible. Dans ce contexte, l'enjeu pour l'assureur n'est pas seulement la fixation du tarif initial, sur une communauté encore très réduite, mais aussi son suivi dans le temps au fur et à mesure du développement de la plateforme.

La MAIF multiplie les initiatives en la matière. Dernièrement Weroom et la MAIF ont signé un partenariat stratégique pour (r)assurer propriétaires et (co)locataires en intégrant l'assurance à l'offre de Weroom pour protéger les biens et les personnes en colocation. Est-ce que la MAIF va continuer à s'engager dans l'économie collaborative ? A quel rythme et avec quels objectifs ?

La MAIF et l'économie collaborative ont un ADN très proche. L'histoire de la MAIF est celle d'une startup créée pour bousculer le modèle traditionnel de l'assurance. Sa Promesse ? L'assurance par et pour les assurés. 80 ans après sa création, la MAIF organise le partage de risques d'une communauté de 3 millions d'assurés-sociétaires. En soutenant OuiShare dès 2014, nous nous sommes positionnés en sponsor du mouvement collaboratif. Nous croyons en une société plus collaborative, à un usage raisonné des ressources. Nous estimons avoir un rôle à jouer pour expliquer l'utilité sociale de l'économie collaborative, mais aussi apporter un éclairage sur les éventuels risques associés. Au quotidien, travailler avec ces startups est un aiguillon, qui nous rappelle l'impérieuse nécessité d'être à l'écoute des besoins de nos sociétaires et de construire une organisation agile.

Même si la MAIF a été rejointe par certains assureurs de la place, notre approche de l'économie collaborative reste tout à fait singulière, en ce qu'elle ne se limite pas à la diversification de nos placements dans un contexte de taux bas. Lors de l'élaboration de notre plan stratégique en 2015, nous avons décidé de construire autour de la MAIF un écosystème de partenaires issus de l'économie collaborative, en vue d'offrir à nos sociétaires une expérience exceptionnelle. En pratique, ces partenariats à 360 degrés peuvent inclure à la fois financement, assurance, prescription, utilisation du service, et adossement de marque. C'est surtout parce que nos partenaires ont vocation à être intégrés à l'offre MAIF, et pour sécuriser la relation, que nous incluons en général un volet capitalistique. L'exécution de cette stratégie passe par une sélection rigoureuse de nos partenaires. Outre le potentiel de la startup (caractère innovant, profondeur du marché, clairvoyance des dirigeants), nous ne soutenons que des sociétés qui partagent notre éthique. Nous y voyons une fidélité à notre engagement sociétal, mais aussi un levier pour favoriser la création de valeur dans la durée. Nous avions par exemple décidé de ne pas accompagner une société similaire à UberPop malgré son potentiel. Son service a depuis été interdit.

La MAIF est désormais identifiée comme l'assureur de référence de l'économie collaborative. Plus de 60 partenariats ont été signés, en seulement un an et demi. MAIF Avenir, qui porte nos participations dans l'économie collaborative, a investi dans une douzaine de startups pour un total de 40 M d'Euros sur les 125 M d'Euros alloués pour la période 2015-2018. Preuve que le succès est au rendez-vous, nous avons par exemple participé avec PSA en avril 2016 à une nouvelle levée de fonds de Koolicar pour 18 M d'Euros après un premier investissement de 2,6 M d'Euros un an et demi auparavant.

Cet ouvrage s'intitule « Ces personnalités qui fabriquent l'assurance de demain ! » Pour conclure, quelles seront les plus probables évolutions significatives de notre secteur ?

Comme beaucoup d'observateurs, j'ai la conviction que nous vivons ce qui sera un jour présenté comme une rupture fondamentale de même ampleur que l'invention de l'écriture ou de l'imprimerie : la rupture digitale. Google, qui en est la figure de proue, a d'ailleurs revendiqué cette double filiation, en se baptisant « Alphabet ».

Sur le plan économique, cette nouvelle révolution industrielle bouscule les acteurs établis. La taille, hier facteur clé de succès, est devenue un handicap dans la course à l'innovation et à l'agilité.

Si l'assurance est jusqu'à présent restée assez épargnée par ce mouvement, elle aurait tort de croire qu'il s'arrêtera à ses portes. A long terme, la généralisation des véhicules autonomes aura pour effet de considérablement réduire le nombre d'accidents. Des technologies d'aide à la conduite toujours plus performantes accompagneront cette transition progressive. La diffusion des objets connectés au sein du domicile fera également reculer la sinistralité en assurance habitation. Ce rétrécissement de la matière assurable pourrait conduire à une forte baisse du chiffre d'affaires des assureurs de dommages et de responsabilité.

Fragilisés par la transformation du marché, les assureurs sont également menacés par de nouveaux concurrents. Les assureurs ne peuvent plus se considérés à l'abri derrière cette ligne Maginot que sont devenues les barrières à l'entrée. La donnée était un rempart, elle devient cheval de Troie. Les GAFA ont déjà accumulé un volume de données sans commune mesure avec les quelques informations dont dispose l'assureur. Avec l'explosion de l'internet des objets, de nouveaux gisements de données émergent. Sur cette base, des algorithmes permettraient d'aller au bout de la logique de segmentation, en visant une tarification au plus juste, individu par individu. Cette évolution fait courir un double risque : celui de l'éviction des assureurs s'ils ne sont pas à même de disposer de ces données et celui de la remise en cause de tout principe de mutualisation, au cœur même de l'activité d'assurance, et donc d'exclusion de certains de la possibilité même de se faire assurer.

Quoi qu'ils pensent des transformations en cours, il est de la responsabilité des dirigeants de sociétés d'assurance de tenir compte des évolutions en cours et à venir pour orienter la stratégie de leur entreprise. UX, data, ils doivent viser l'excellence sur leur cœur de métier et laisser le moins d'espaces d'expressions possibles à d'éventuels concurrents. Toutefois, ils auraient tort de s'enfermer dans une posture défensive. La rupture digitale, c'est aussi l'opportunité d'être disrupteur au-delà de son seul secteur d'activité.

Grégoire Dupont

Secrétaire Général

ORIAS

Le développement de l'économie collaborative répond probablement aux besoins et problématiques du moment dont l'augmentation du coût de la vie et l'intensification des relations via les réseaux sociaux ou sites spécialisés. Par ailleurs, une voie d'échanges entre particuliers (peer-to-peer), sans intermédiaire apparaît. Cependant, aujourd'hui, la règlementation française, tente de vouloir « contraindre » ou « réglementer » l'économie collaborative, quelle est votre vision sur ce sujet ?*

En premier lieu, il convient de définir cette activité économique protéiforme et fortement médiatisée qu'est l'économie collaborative. La digitalisation de la distribution, la généralisation des plates-formes d'échanges, de comparaison et/ou de ventes sur le web, le développement des réseaux sociaux sont autant de phénomènes liés mais pas nécessairement rattachables au concept de financement participatif...

Je baserai mon propos sur la définition suivante : *« des réseaux d'individus et de communautés connectées, par opposition à des institutions centralisées, et qui transforment la manière dont nous produisons, consommons, finançons et apprenons »*[1].

S'appuyant sur cette définition, il apparait que l'économie collaborative renvoie à des modes de consommation et de production de biens et services, alternatifs à l'économie capitaliste classique. Ainsi, l'économie collaborative en mêlant les qualités de consommateur et de producteur modifierait fondamentalement, tout du moins au plan conceptuel, les mécanismes de nos économies modernes.

Ces initiatives peuvent être classées en quatre familles :

- La consommation collaborative (échange entre pairs, achats groupés, dons, usages partagés dans des domaines variés : logement, mobilité, alimentation, énergie, objets domestiques, espaces de stockage...),
- La réparation et la fabrication collaborative d'objets,
- Le financement collaboratif de projets (le crowdfunding, l'investissement citoyen, le don...),
- L'éducation et le savoir partagé (partage de contenus numériques, MOOC, encyclopédie contributive – ex : Wikipedia).

Par ailleurs, le Rapport Terrasse estime qu'une part minoritaire de l'économie collaborative se déploie via internet. A titre d'exemple, le Rapport avance que 77% des ventes de biens d'occasions transitent par canaux traditionnels (brocantes, vides-greniers, dépôts-ventes..).

Ainsi, aujourd'hui, la novation fondamentale de cette économie viendrait de la formidable ouverture du champ des possibles qu'offrent les évolutions en matière de technologie et de communication informatique ainsi que l'intérêt grandissant des acteurs de l'économie classique. Par exemple, le covoiturage entre amis ou collègues organisé au niveau de communauté physique a été fondamentalement renouvelé et étendu par Blablacar dans sa dimension mais nullement dans son principe. De même, indépendamment de sa taille, Le Bon Coin demeure dans son principe une brocante.

En second lieu, pour répondre à votre question sur la règlementation de l'économie collaborative, j'estime que, pour toute activité économique, il est nécessaire de disposer de normes afin de réguler les rapports entre les acteurs et de permettre le développement des échanges via une sécurisation de ces derniers. Bien évidemment, la question de la pertinence et de l'efficacité des dites-normes est parfaitement légitime.

Toutefois, il convient également de préciser que l'économie collaborative ne s'est pas développer dans un « no mans land » juridique. Bon nombre de champs de l'économie collaborative sont d'ores et déjà règlementé du fait du service rendu ou du produit distribué. A titre d'exemple, concernant Airbnb, il apparait que la règlementation de la location de meublé trouve ou trouverait à s'appliquer.

En conséquence, la règlementation doit et devra traiter trois types d'enjeux :

• La protection du consommateur. Les plates-formes web de l'économie collaborative devront, en qualité d'intermédiaire, s'astreindre à une transparence sur les frais et commissions et sur les critères de référencement des « offreurs » de bien ou services. De même, une information claire, lisible et accessible sur les responsabilités de la plateforme, la qualité de l'offreur (particulier ou professionnel) et les garanties associées à son statut devrait être proposée.

• Le statut social des « contributeurs » de l'économie collaborative (entrepreneurs individuels, salariés ou particulier ne recherchant pas de profit). Cependant, le sujet du travail dissimulé ou de la requalification en contrat de travail, ne sont nullement des champs juridiques vierges : les lois, la jurisprudence et les contrôles de l'URSSAF existent.

• La fiscalité et les charges sociales. Les offreurs de biens ou services peuvent être des particuliers ne cherchant aucun intérêt lucratif, des particuliers recherchant un complément de revenu ou des professionnels. Là-encore, les normes existent ; il convient de les ajuster sans créer des normes particulières pour l'économie collaborative.

Ainsi, la règlementation de l'économie collaborative est une nécessité au regard de la protection du consommateur, d'autant plus pour le volet marchand de cette économie – les plates-formes internet de mise en relation – qui poursuivent, elles, un but lucratif. Le sujet de la règlementation est également un impératif au regard du développement d'une saine et juste concurrence entre ces plates-formes, les nouveaux « offreurs » de biens ou services et les professionnels « anciens » des marchés concernés. Cette vision consumériste et cet impératif d'équité concurrentielle militent pour des règles générales et non un corpus normatif spécifique au champ de l'économie collaborative.

Quels sont selon vous les impacts majeurs et les principales opportunités générés par l'explosion de l'économie collaborative pour le secteur de l'assurance ?

L'économie collaborative renouvelle la question de base de l'assurance : comment assurer un bien ou service prêtés, vendus et/ou partagés avec un rapport au temps beaucoup plus rapide ?
Au-delà de la question actuarielle et de l'analyse du risque, l'une de nouveautés réside dans le caractère dynamique des biens ou services prêtés, vendus et/ou partagés et de la qualité des intervenants (offreur, un jour, puis consommateur, le lendemain). Ainsi, le développement de l'économie collaborative renvoie aux débats plus larges sur la modularité des garanties dans le temps et l'ajustement de la couverture à l'usage réel (ex : « pay as you drive », « pay how you drive »...).
Cet ajustement et cette modularité des garanties ne sont pas des révolutions pour le domaine de l'assurance mais des sources d'opportunités. Par contre, les entreprises d'assurances sont « challengées » par les plateformes au regard de l'efficacité et de la sobriété de leur parcours client. En effet, toutes les entreprises d'assurance travaillent sur la fluidité de leur parcours client mais les plateformes de l'économie collaborative étant nativement digitales disposent d'un temps d'avance.
Actuellement, trois options commerciales sont envisageables pour couvrir ses risques : la souscription de garanties ad hoc via les plates-formes (cf. modèle de l'assurance pour compte), l'enrichissement des contrats auto et/ou MRH ou la proposition de contrat spécifique.
Enfin, je relève que l'assurance retrouve, dans certains cas, sa place de garant, de tiers de confiance dans ces échanges. A titre d'exemple, les plateformes de covoiturage n'auraient certainement pas connues de développement sans la caution d'un assureur, qui, in fine, sécurise la transaction.
Ainsi, l'assurance de l'économie collaborative n'introduit pas une rupture fondamentale pour le secteur mais offre un terrain d'expérimentation sur les nouvelles pratiques et les nouveaux besoins de consommateurs les plus connectés.

Beaucoup d'individus se déclarent également intéressés par une assurance plus collaborative. Partagez-vous ce point de vue et plus généralement, quelles

mutations significatives, voyez-vous, du processus de distribution du produit d'assurance de demain ?

A mon sens, l'assurance collaborative, pensée comme un engagement de couverture des risques entre pairs sans intervention d'une institution assurantielle, est un paradoxe historique et une mode.
Comme l'a souligné, Christophe Triquet dans une récente tribune , l'idée d'une assurance entre pairs se regroupant par affinités n'est qu'une reprise de la très vieille et noble idée de la mutualisation face au risque. A titre d'illustration de l'emballement médiatique qui nous guette, il déclare qu'«il est plus valorisant de monter une startup d'assurance peer-to-peer... qu'une mutuelle ». La mutualisation et, plus largement l'assurance, sont fondées sur un engagement juridique de couverture face à la réalisation d'un risque aléatoire. Or, cet engagement juridique de couverture nécessite que les parties prenantes aient une forte confiance les uns envers les autres. Le développement de l'assurance a conduit à la création d'institutions assurantielles, toujours plus encadrées par les pouvoirs publics. Dès lors, il parait hasardeux de prévoir ou de promouvoir le développement massif d'une assurance collaborative sans une institution assurantielle centralisatrice et porteuse de la garantie.
Cependant, il ne peut être exclu que des évolutions règlementaires permettent par dérogation que certaines garanties accessoires, limités à des montants peu élevés puissent, être proposées entre pairs. Toutefois, cette assurance collaborative ne pourrait, par nature, pas offrir la même sécurité juridique que l'assurance « traditionnelle ».
Par contre, certains mécanismes de l'économie collaborative décrits ci-dessous comme la simplicité de souscription, la modularité et l'adaptation des garanties ou la notation des prestations et des intervenants peuvent servir d'aiguillon pour le secteur. De même, le phénomène des communautés inhérent à l'économie collaborative est, probablement, porteur d'opportunités pour le secteur : ces communautés pourraient demander ou se voir proposer des garanties spécifiques et adaptés à leur pratique.
Enfin, en matière de distribution, l'économie collaborative lorsqu'elle « offre » une couverture d'assurance pour compte ou distribue un contrat ad hoc à ces parties prenantes peut être un vecteur de changement profond dans la commercialisation des contrats. En effet, sur le modèle de l'assurance affinitaire avec le cas-type de l'assurance perte, vol et bris des téléphones, les plateformes pourraient devenir des acteurs significatifs de la distribution de certains contrats d'assurances.

* Les idées et opinions mentionnées dans le présent article sont des réflexions personnelles de son auteur et ne sauraient engager son employeur.

1) Définition de Rachel Bostman in Rapport au Premier Ministre sur l'économie collaborative, Pascal Terrasse, Député de l'Ardèche, Février 2016

2) www.tribune.fr - En route vers l'uberisation de l'assurance ? - 12 février 2016 - Christophe Triquet

III - FOCUS : les objets connectés & les datas

Repères

■ En 2020, 26 milliards d'unités connectées transformeront la demande des centres de données dans le monde [1]

■ 15% de tous les objets seront connectés en 2020 [2]

■ 52% des Français utilisent 4 objets connectés ou plus [3]

■ 46% des Français veulent utiliser les objets connectés pour faire des économies sur les dépenses liées à l'habitat et 31% pour être en meilleures santé [4]

■ 43% d'ici 2025, c'est, selon McKinsey, la baisse de la sinistralité qui pourrait être atteinte grâce aux maisons connectées [5]

■ 16% des opérateurs proposent une offre incluant un objet connecté [6]

■ 48,6 milliards de dollars seront dépensés dans le big data dans le monde en 2019 [7]

■ 9 milliards d'Euros ce sera le chiffre d'affaires en 2020 du big data en France [8]

■ 75% des dirigeants français n'arrivent pas à donner une définition précise du Big Data [9]

■ 29% des Français seraient favorables à délivrer leurs données personnelles à un assureur [3]

1) Etude Hewlett Packard, 2014
2) « The Digital Universe of Opportunity » en 2014
3) Etude « Révolution Numérique et Assurance » réalisée en décembre 2015 par Teleperformance et GN Research
4) Etude To Luna d'octobre 2015
5) Argus de l'Assurance, 13 mai 2016, Dossier Auto et habitation connectées
6) Etude de Colombus Consulting, 2015
7) IDC (International Data Corp).
8) Rapport Industrie du futur de 2015
9) Etude Opinion Way de juillet 2015

& verbatims

« Les consommateurs vivent dans un monde digital depuis plusieurs années désormais. Je suis convaincue que l'avenir de l'assurance réside dans une meilleure compréhension des attentes des clients. Nos premiers tests et retours sur des concepts utilisant des objets connectés sont très positifs et les assurés sont prêts à vivre cette révolution de l'IOT (Internet Of Things). » explique **Nelly Brossard**, Directrice Marketing de la MAIF – le 14 mars dernier sur **Simple As Hello**.

« Les objets connectés sont au coeur de la révolution digitale. Ce sont eux qui permettent au digital de se déployer à 360°, dans toutes les situations de la vie quotidienne ! Ils répondent à une demande de fond des consommateurs, qui aspirent à des services sur mesure, de plus en plus individualisés, en réponse à leurs besoins spécifiques. » déclare **Jacques Richier**, Président Directeur Général d'Allianz France, le 9 novembre 2015 dernier dans **les Echos**.

« Aviva est également en veille sur les objets connectés. A nos yeux, cela reste pour l'heure un micro-marché. Les solutions comme les esprits ne sont pas encore murs. Les offres de « pay as you drive » ou de maison connecté suscitent des inquiétudes en matière notamment de respect de la vie privée. En créant une infrastructure agile, nous nous donnons toutefois les moyens d'aller très vite le moment venu. » déclare **Olivier Le Hénaff**, Directeur de la transformation d'Aviva France le 22 septembre dernier dans **ITESPRESSO**.

« Nous sommes par ailleurs très concentrés sur la révolution annoncée dans le monde de l'assurance (automobile et santé) des objets connectés, que l'on va pouvoir utiliser à grande échelle. Ceci permet de recueillir des informations et d'ajuster les primes d'assurance au comportement observé grâce à ces objets connectés. » indique le 27 mai dernier, **Bruno Rousset**, Président Directeur Général du Groupe APRIL dans le **Journal des Entreprises**.

« Nos axes de travail restent concentrés sur la voiture et le domicile, car nous avons des certitudes sur ce marché que nous n'avons pas sur la santé connectée, où la législation est contraignante et changeante. » explique **Michael de Toldi**, Directeur des données de BNP Paribas Cardif, le 4 février dernier dans **l'observatoire des multinationales**.

« Le big data fournit des données plus fines et plus précises, qui permettent de tarifer le risque de façon plus individualisée. Mais l'individualisation, c'est le contraire de la mutualisation ; se pose alors la question de l'équilibre entre cette tarification très individualisée et le besoin de mutualisation. Deuxième question : la réglementation va à l'inverse du potentiel du big data. En matière d'assurance – et une dernière décision est venue encore le rappeler –, il est interdit de distinguer le tarif homme et le tarif femme au nom du principe de non-discrimination. Ce type de réglementation pose une limite forte à l'exploitation des données du big data. Quel peut être l'intérêt des données sur les profils d'individu selon leur consommation, leur pratique du sport mais qui s'arrêteraient au critère du sexe. » expliquait d'ailleurs **Thierry Derez**, Président Directeur Général de Covéa le 10 février dernier au **Nouvel Economiste**.

« Il n'est pas question d'utiliser des données médicales à des fins de tarifications. Nous voulons seulement aider les salariés des entreprises à augmenter leur bien-être. Parce qu'on est une assurance, on nous soupçonne immédiatement de vouloir faire du bonus-malus. Mais non, ce n'est de toute façon pas possible légalement. Notre seul but, c'est de fidéliser notre client. C'est ça, notre retour sur investissement. » explique **Yanick Philippon**, Membre du comité exécutif de Generali France, en charge des assurances collectives dans **OUEST FRANCE** du 8 septembre dernier.

« Les nouvelles technologies réduisent les risques des « matières assurables, les assureurs devraient penser dès maintenant à la transformation du business model autour de la prévention. » évoque **Jean-Claude Sudre,** Expert Insurtech et Assurance connectée dans **LESECHOS.FR** le 7 juin dernier.

« La possibilité d'utiliser les données pour développer des algorithmes de prédiction des risques est au cœur de notre business. » estime **Véronique Weill**, Chief Customer Officer du Groupe AXA sur **Usine Digitale** le 19 avril dernier.

« Big data, dématérialisation ou encore machine learning, la digitalisation a créé un séisme dans de nombreux pans de l'économie et le marché de l'assurance est en train d'en subir les secousses. » explique **Pierre-Olivier Desaulle**, Directeur Général Europe Hiscox dans **generation-nt.com** le 24 avril dernier.

« Les assureurs auront accès à des données dynamiques : jusqu'à présent, nous ne pouvions collecter des données qu'au moment de la souscription. Désormais, nous pouvons avoir des informations en temps réel. » reconnaît **Stéphane Chappellier**, CEO de SolvINS dans **multinationales.org** le 4 février dernier.

Christophe Eberlé

Président

Optimind Winter

Les nouvelles technologies font évoluer significativement nos habitudes de vie comme de travail, et ceci de manière soudaine ; c'est ici l'origine de la notion d'évolutions disruptives qui s'illustre. Le secteur de la finance et de l'assurance est à présent totalement concerné, tout comme aujourd'hui d'autres sont en cours de transformation massive. La ligne directrice qui caractérise l'ensemble des attentions pour le secteur assurantiel est relative à la numérisation des activités et donc aux données, à leur obtention tout comme leur traitement. En la matière, d'autres secteurs d'activités se sont d'ores et déjà emparés d'une nouvelle matière scientifique : la data science. Principalement orientée sur des objectifs prédictifs, la data science englobe bien plus que le seul traitement des données massives. En effet, plusieurs étapes sensibles sont nécessaires : le sourcing, le stockage, l'identification des corrélations, les traitements algorithmiques, l'exploitation des résultats mais aussi, voire surtout, les aspects réglementaires, déontologiques et de confidentialité. En ce sens, le Big Data appliqué à la gestion des risques comporte un nombre de spécificités propres aux métiers, au sens large, qui doivent être prises en compte concernant l'assurance : processus de production inversé, respect des équilibres techniques, caractère immatériel, et réglementation propre au secteur pour ne citer qu'eux. Optimind Winter, sous l'impulsion de son équipe d'experts dédiés à la data science en assurance, a élaboré la conceptualisation d'une approche opérationnelle du Big Data assurantiel. Ce concept opérationnel encapsule plusieurs expertises quantitatives et qualitatives, il s'agit du Data Risk Management, DRM. Qu'est-ce le Data Risk Management ?

Le Data Risk Management répond aux enjeux d'acquisition, de traitement, à la sécurisation et à la confidentialité des données à caractère assurantiel et personnel : la data science de l'assurance. Cette nouvelle matière concatène des axes d'expertises relativement variés devenus nécessaire pour une approche Big Data efficace et conforme :

• La conception générale de l'approche au regard des résultats visés avec intégration des obligations et limites réglementaires, techniques et déontologiques ;

• L'identification, l'acquisition et le stockage de données massives structurées et non structurées ;

• Le traitement massif de ces données dans l'objectif de déterminer des corrélations robustes propres à concevoir un modèle prédictif ;

• La conception de modèles prédictifs, ou actuariels, intégrant les dimensions purement prédictives aux impératifs actuariels liés aux équilibres techniques et prudentiels de la gestion des risques ;

• L’intégration et l’industrialisation des résultats obtenus au sein des chaînes de production des industriels de l’assurance (assureurs, courtiers, réassureurs) ;
• La vérification de la conformité réglementaire et déontologique du processus ainsi créé, à intervalle régulier en fonction des évolutions techniques et réglementaires.
Ces différentes phases constituent un processus spécifique Big Data dans l’assurance qu’Optimind Winter propose désormais au sein d’une ligne d’expertise dédiée : le Data Risk Management. Ces multiples compétences spécifiques au secteur assurantiel visent, au-delà des traitements Big Data, à garantir une parfaite conformité des activités et une maîtrise totale des risques inhérents à la gestion des données, que l’on peut synthétiser autour de quatre savoir-faire principaux liés à la donnée :
• Data outsourcing : données externalisées, gestion & sécurisation
• Data quality : qualité, conformité et robustesse des données
• Data science : acquisition des données & traitements Big Data
• Data protection : réglementation & protection des données
Ci-après une synthèse des étapes et des compétences attendues selon les différentes phases d’un processus complet Big Data assurantiel :

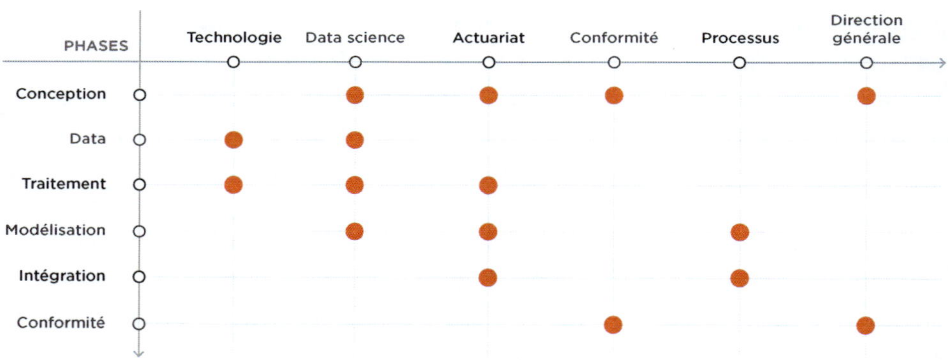

Source : Optimind Winter

Le Data Risk Management illustre bien la multiplicité des axes de compétences nécessaires à la réussite de la mise en œuvre d’un processus complet Big Data, de sa conception à son exploitation. Il est indispensable à la fois de ne pas cloisonner la data science des aspects métiers, et de conserver une chaîne de responsabilité correspondant à chaque expertise. Au-delà de cette description formelle du concept DRM, quelles sont les opportunités d’une telle démarche ? Pour les assureurs, ou leurs intermédiaires, les objectifs visés convergeront en pratique autour des axes suivants :

- Réduction des coûts d'assurance et de gestion ;
- Amélioration des modèles prédictifs d'assurance : tarification et provisionnement ;
- Evolution de la distribution et de l'indemnisation ;
- Emergence de nouvelles garanties & produits.

Quels apports concrets du Data Risk Management pour l'Assurance ?

Les nouvelles capacités, à travers la mise en œuvre du Data Risk Management, offertes aux acteurs de l'assurance, actuels ou nouveaux entrants, vont leur conférer de nouvelles capacités en termes de distribution, de gestion client/assuré et de prédiction. La conception même des produits d'assurance, et leur gestion, vont faire évoluer l'unité temps de l'assureur : de l'année on va progressivement s'acheminer vers des périodicités nettement plus courtes et certainement plus souples comme du start & stop sur les garanties du contrat.
La connaissance du risque assuré va s'accroître de telle manière à fournir des modèles prédictifs individuels tellement précis que l'historique, et nécessaire mutualisation des risques, sera moins prégnante : la marge d'erreur prédictive sera significativement réduite grâce au caractère massif et exhaustif des données récoltées et traitées. En la matière, une réflexion de fond sur le rôle de l'assurance pour la protection de ses concitoyens, notamment les plus exposés en termes de risques, est à initier pour permettre à chacun de bénéficier des couvertures d'assurance élémentaires : si la réduction significative de la mutualisation des régimes d'assurance ne permet plus à ceux-ci de jouer leur rôle social, les pouvoirs publics doivent envisager la création de systèmes spécifiques de prélèvements, et ainsi (re)mutualiser l'ensemble...
In fine, cette personnalisation prédictive va également entraîner une responsabilisation des assurés dans leurs comportements.

Quelles sont pour vous les différentes étapes clés pour ces prochaines années ?

Il est évident que les transformations, voire les révolutions en cours, se concrétisent aujourd'hui beaucoup plus vite que par le passé : l'intermédiation numérique, la communication digitale et l'ensemble des nouvelles technologies obligent les différents acteurs à s'adapter à ce nouveau rythme. C'est ici que réside la principale difficulté des acteurs institutionnels, assureurs et banquiers, au regard de leurs tailles et de la complexité de leur organisation : comment s'adapter, se transformer, construire avec le poids que les portefeuilles historiques exercent, avec des intérêts pas toujours convergents des réseaux de distribution, avec des systèmes d'information souvent

issus d'anciennes époques technologiques ?
De ce fait, la première grande étape sera vraisemblablement d'isoler pour ces organisations les éléments de la chaîne de gestion des risques à transformer de ceux à (re)créer. Ainsi, la mise en œuvre d'infocentres de données de type Big Data, les datalakes, ainsi que l'exploitation des données par de nouveaux types de compétences, les data scientists, se réaliseront en dehors des processus et structures déjà existants. D'autres maillons de cette chaîne pourront, à l'inverse, continuer à gérer l'existant tout en se transformant progressivement.
L'étape ultérieure sera l'émergence de vrais produits d'assurance intégrant des tarifications issues des Big Data et des nouvelles technologies que l'on pourra souscrire et résilier à tout instant, et qui proposeront des tarifs plus adaptés avec plus de services.
Enfin, ultime étape envisageable d'un secteur disrupté, nous pouvons, sur certains segments spécifiques, prédire des évolutions franches du modèle d'assurance : l'uberisation de l'assureur par des communautés d'utilisateurs assurés, elles-mêmes fédérées par des acteurs numériques, ou se fédérant de manière autonome sur un mode peer-to-peer.
L'assureur pourra dans ces conditions envisager de conserver son leadership en matière de gestion des risques tout en étant fortement challenger sur certaines prérogatives de son métier actuel comme par exemple la distribution des produits, la relation client ou encore l'indemnisation par de nouveaux acteurs. Concernant ce dernier point, nous pouvons aujourd'hui anticiper qu'en l'attente des évolutions majeures évoquées ci-dessus, l'enjeu principal des assureurs réside, à court terme, dans la reconquête des clients à travers les nouveaux outils et services digitaux à leur disposition, sans certitude mais avec assurance !

Yvon Moysan

Président

Saint Germain Consulting

Les Français sont de plus en plus utilisateurs d'objets connectés. Les objets connectés dans le secteur de l'assurance peuvent avoir différentes applications : prévention santé, prévention routière, conduite connectée, habitat connecté.... Mais ces objets connectés doivent apporter une véritable valeur ajoutée à l'assuré. Pour vous, quels sont les critères que doit remplir un objet connecté pour apporter une vraie valeur ajoutée à l'assuré ?

Les Français sont effectivement de plus en plus nombreux à connaitre l'existence des objets connectés et en conséquence à les adopter et à les utiliser. Toutefois, on constate pour certains d'entre eux une problématique de taux d'abandon élevé au bout de seulement quelques mois. Pour l'illustrer, un tiers des utilisateurs de traqueurs fitness ne les utilisent plus au bout de 6 mois seulement et au bout de 18 mois la moitié les auront abandonnés. L'une des principales raisons évoquées serait la faible valeur ajoutée perçue. Pour ce qui concerne le secteur de l'assurance, ce phénomène est à prendre en considération si on veut éviter le même type de comportement, il faut donc effectivement que ces objets aient une réelle valeur ajoutée perçue.

Pour ce faire, l'objet connecté ne doit pas être à mon sens une finalité en soi. Il doit être un outil capable de générer cette valeur ajoutée tout en étant intégré dans un écosystème global qui permet de pouvoir instaurer de nouvelles habitudes sur le long terme, de se fixer des objectifs personnels mais également de délivrer les informations nécessaires permettant de les atteindre.

Si on prend l'exemple concret du compteur électrique connecté qui a déjà été testé au Royaume Uni, nous avions un objet connecté, le compteur, les données de consommation électrique visibles depuis une application mobile et un site Internet et l'objectif qui était de réduire sa facture d'électricité. Mais il manquait la partie conseil, la manière d'atteindre cet objectif. Dans cet exemple, il était possible de comparer sa consommation électrique par rapport à ses voisins, mais le consommateur n'avait aucune information sur les leviers permettant de réduire sa propre consommation ou de l'optimiser. Devait-il changer ses habitudes ou certains appareils électroménagers ? A lui d'y répondre par ses propres moyens et au final la valeur ajoutée était proche de zéro.

Dans le secteur qui nous intéresse cette fois et pour répondre à cette problématique, nous pourrions imaginer pour l'assurance automobile une interface permettant de visualiser les économies tarifaires potentielles ou la réduction d'émissions de CO2 réalisées selon différents scénarii ou simulations personnalisés qui tiendraient compte de différentes modifications conseillées vis-à-vis de la conduite de l'assuré ou pourquoi pas qui donnerait accès à un coach réel ou virtuel faisant appel à l'intel-

ligence artificielle. Aujourd'hui la plupart des offres se limitent à fournir un package combinant objet connecté, assurance et application de restitution de données, mais malheureusement, à ce stade, la partie conseil ne reste que peu développée.
Cette partie conseil peut d'ailleurs être plus ou moins visible, dans le cas de l'assurance santé connectée Vitality de l'assureur sud-africain Discovery, elle est partie intégrante d'un programme de fidélité. Celui-ci est en effet conçu pour que l'assuré agisse de façon à améliorer sa santé, principalement mesurée via à un questionnaire online qui permet de découvrir son âge Vitality, plus ou moins élevé que son âge réel en fonction de l'état de sa santé. Charge à l'assuré d'améliorer cet âge virtuel. Concrètement il va cumuler des points en prenant soin de sa santé, en effectuant des tests de santé online ou en se rendant dans un centre de soins, en se vaccinant, en se rendant régulièrement chez son dentiste ou encore en pratiquant une activité physique mesurée via un traqueur fitness. Ces points lui permettront ensuite d'obtenir des réductions tarifaires dans des enseignes qui lui permettront également d'améliorer sa santé physique et donc son âge Vitality (abonnement salle de sport, articles de sport, alimentation bio ...) et mentale (voyages, abonnement presse, cinéma...). C'est un cercle vertueux, la valeur ajoutée est ici évidente pour l'assuré, diminuer son âge Vitality revient à être en meilleure santé et donc potentiellement à vivre plus longtemps et en meilleure santé !

Nous remarquons que les principales innovations, applications en terme d'objets connectés liées à l'assurance ont été mises en place hors Europe (USA/ Afrique du Sud...). Pour vous les assureurs européens doivent-ils et peuvent-ils « rattraper » leur retard en terme d'innovations liées aux objets connectés ? Et si oui, comment ?

De manière générale, dans l'écosystème digital, ce n'est pas forcément un désavantage de se positionner dans un second temps. La Chine a par exemple largement rattrapé son retard sur le digital en seulement quelques mois, elle est même désormais en pointe sur de nombreux sujets. 20% des chinois connectés à Internet sont par exemple déjà mobile only et 51% des achats online sont réalisés via ce device. Le paiement mobile est également une réalité, la Chine est le 1er marché désormais devant les Etats Unis. Pour autant, les problématiques auxquelles les assureurs européens font face sont bien différentes de celles des acteurs asiatiques, s'ils ont l'avantage de se positionner sur un marché des objets connectés désormais plus mature, les contraintes liées à leur historique notamment l'obsolescence de leur système d'information ou la lourdeur de leurs procédures internes sont bien distinctes. Le recours à un partenaire AssurTech peut alors être une option pour aller plus vite.

En parallèle, les assurés européens ont certaines particularités à prendre en considération. Il reste par exemple une migration digitale à effectuer du desktop au mobile puis aux objets connectés, cette migration peut être accélérée en fonction de la capacité des assureurs à fournir la valeur ajoutée évoquée précédemment à leurs assurés. D'autre part, en Europe, le principe de mutualisation des risques reste un principe fort pour le secteur de l'assurance, le passage à l'individualisation plus naturel pour les assurés américains par exemple risque lui aussi de prendre du temps, pour cela des efforts en terme de communication et de pédagogie seront également nécessaires.

Les objets connectés sont de plus en plus importants pour la recherche universitaire. Dans ce contexte, pensez-vous que la recherche universitaire et le secteur de l'assurance peuvent/doivent travailler ensemble pour développer les objets connectés sur le secteur de l'assurance dans l'avenir ? Et dans quels objectifs ?

Du côté de la recherche académique, les chercheurs ont besoin de données statistiques issues notamment de comportements de clients pour valider ou invalider leurs hypothèses ou pour créer des modèles, ceci pour aboutir à des résultats et à des recommandations qui seront ensuite publiés dans des revues académiques, si possible de renommée internationale. Ces données peuvent leur être fournies en grand nombre et aisément par les assureurs. Du côté des assureurs, ils se posent de nombreuses questions, ils ont des problématiques concrètes à résoudre. Une bonne partie pourraient être résolues avec l'aide de chercheurs et ce dans une démarche scientifique.
Reste à identifier des problématiques communes répondant à la fois aux besoins des chercheurs et à ceux des assureurs. Parmi ces sujets communs et pour être concret, on pourrait citer les facteurs d'acceptation des objets connectés et les réticences à l'adoption, ce qui permettrait aux assureurs de pouvoir identifier les leviers et les freins à la souscription d'une assurance liée à un objet connecté et ainsi d'adapter leur communication et leur offre en conséquence. On peut également citer la rétroactivité qui consiste à mieux comprendre et à mieux identifier les composantes qui favorisent ou non le changement de comportement d'un assuré. Cela permettrait par exemple aux assureurs de mieux comprendre le changement de comportement d'un consommateur équipé d'un bracelet connecté et de mieux évaluer l'impact sur sa santé, même chose pour ce qui concerne le comportement de conduite d'un assuré ayant une voiture équipée ou non de capteurs. Parmi les questions sous-jacentes, on pourrait ainsi citer : ce conducteur améliorera-t-il ou

non sa conduite s'il se connecte plus ou moins souvent à l'application mobile pour prendre connaissance de son scoring de conduite et de son évolution ? Ou s'il a la possibilité de se comparer à ses amis ou à une population plus large ? Ou encore s'il bénéficie d'un coaching personnalisé ? Et ce, dans quelle mesure ? Les possibilités sont multiples et au final, les assureurs peuvent espérer une meilleure compréhension et sans doute une meilleure maitrise du modèle économique associé via notamment une meilleure évaluation de la baisse de sinistralité espérée.

De mon point de vue, la recherche académique et le secteur de l'assurance peuvent et doivent donc travailler ensemble. Ils y ont tout intérêt pour mieux comprendre le modèle combinant objets connectés et secteur de l'assurance et pour pouvoir le développer. A l'IÉSEG School of Management, nous nous sommes d'ailleurs inscrits dans cette logique et nous collaborons au quotidien avec différents assureurs. Aux Etats Unis, la question ne se pose même pas !

Amélie Oudéa-Castera

Directrice Marketing & Digital

Groupe AXA

Les objets connectés deviennent de plus en plus importants dans notre société. En 2020, ils seront au nombre de 80 milliards d'après une étude d'Idate pour un marché estimé par le cabinet Gartner à quelques 1900 milliards de dollars. Ces chiffres vertigineux confirment la tendance actuelle du tout connecté. Comment, selon vous, les objets connectés transforment-ils le secteur de l'assurance ?

L'Internet des Objets s'annonce comme un atout potentiellement majeur pour les sociétés contemporaines, permettant par exemple le renforcement de la sécurité routière, de la sûreté des installations industrielles, de la planification urbaine, de la productivité agricole, de la maîtrise de l'énergie, ... Dans le domaine de l'assurance, les points d'application sont eux-mêmes importants : le monitoring des comportements automobiles, la protection de l'habitat, l'appui individualisé au bon suivi des prescriptions médicales, la modélisation des risques climatiques, la détection des chutes ou la lutte contre l'isolement des personnes âgées ou encore le renforcement des services d'urgence et d'assistance aux personnes, y compris via des robots-assistants personnels dotés d'une intelligence artificielle, sont parmi les champs d'investigation privilégiés des assureurs, en France comme à l'étranger.
La révolution des objets connectés vient bousculer l'approche classique de l'assurance et nous offre une formidable opportunité de mieux protéger nos clients. D'une part, en déplaçant le focus-clé de l'indemnisation des sinistres vers leur prévention. D'autre part, en permettant une plus grande personnalisation de l'offre grâce à une appréhension plus fine des comportements individuels face aux risques. Ces évolutions s'inscrivent dans un écosystème plus diversifié d'acteurs (fabricants d'objets connectés, réseaux télécoms, assureurs, assisteurs, fournisseurs de services, plateformes d'agrégation,...) entraînant une modification de la chaîne de valeur et une concurrence renforcée dans l'accès aux consommateurs.
Toutes ces transformations qui s'engagent avec l'Internet des Objets sont une formidable source d'opportunités pour le métier de l'assurance, en ouvrant la voie à un enrichissement des services et à une façon plus complète et plus anticipative de protéger les assurés. Elles soulèvent en même temps des questions nouvelles, liées notamment à l'adoption et à l'usage des objets connectés par les consommateurs, au cadre à donner à l'indispensable protection des données personnelles et à la modernisation de la modélisation du risque.

En premier lieu, les objets connectés ont pour vertu d'entraîner les assureurs à placer la prévention du risque au cœur de leur stratégie. A titre d'illustration, les initiatives se développent dans la maison connectée, où la mise en place bien pensée de détecteurs de fumée ou de monoxyde de carbone peut aider à mieux prévenir les incendies, celle d'humidimètres les dégâts des eaux, celle de caméras de vidéo-surveillance les risques d'intrusion ou de vol. Dans l'automobile, la restitution aux assurés de scores individuels de conduite, calculés à partir de capteurs embarqués (boîtiers ou simples smartphones) et d'algorithmes tenant compte notamment des comportements de freinage et d'accélération, vise à exercer un effet vertueux sur la conduite de chacun.

En second lieu, l'Internet des Objets ouvre la voie à une individualisation poussée des offres, dans une logique gagnant-gagnant entre l'assureur et l'assuré : un foyer investissant pour se doter des capteurs mentionnés plus haut afin de mieux protéger son habitation contre les risques de vol, d'intrusion ou de dégât des eaux devra à terme se voir proposer une réduction de sa prime multi-risques habitation. Par exemple, Axa a lancé en opération pilote fin 2015, Maison connectée, une offre de services destinée aux clients équipés d'objets connectés pour mieux protéger leur domicile contre les risques d'intrusion ou d'incendie. La Maison Connectée est une offre de services « à la carte » au sein de laquelle le client choisit ses objets connectés, les installe et les pilote afin de surveiller son domicile. Il peut activer directement les services dont il a besoin à partir de l'application mobile Mon AXA. En cas d'alerte, le client peut faire appel aux services d'AXA Assistance qui est en mesure d'envoyer rapidement un agent de sécurité sur place pour réaliser une levée de doute. Au travers de cette offre réalisée **en partenariat avec Kiwatch MyFox, Philips et Orange**, AXA France entend ainsi encourager ses clients à pratiquer l'auto-surveillance active de leur domicile. Dans le même esprit, il serait anormal que deux automobilistes présentant des profils de conduite très différenciés, l'un dangereux et l'autre vertueux, conservent dans la durée les mêmes niveaux de prime d'assurance. Dans ce sens, Direct Assurance filiale d'Axa a lancé YouDrive, offre d'**assurance auto connectée** au mode de tarification unique en son genre.

Véritable innovation sur le marché français, **l'assurance auto connectée YouDrive** révolutionne la relation assureur / assuré : les clients peuvent désormais piloter leur prime d'assurance et la réduire jusqu'à 50% selon leur qualité de conduite. La santé de son côté est un champ d'application très particulier de l'Internet des Objets, car s'il peut théoriquement permettre d'accompagner et soutenir les assurés qui souhaitent adopter un mode de vie plus sain, cela ne peut et ne doit se faire que dans un cadre très précis. D'une part car la législation française interdit toute tarification fondée sur les données de santé et, d'autre part, car les questions de santé touchent souvent à l'intime et exigent des règles éthiques particulièrement strictes de la part de tous les acteurs de la chaîne.

Les objets connectés sont enfin propices au développement des services.

Les capteurs intelligents, si on les relie entre eux dans une logique dite par exemple IFTTT (« if this then that »), peuvent donner lieu à des enchaînements d'action créateurs de valeur pour les particuliers. Par exemple, l'identification par la fonction de géolocalisation d'un smartphone qu'une personne qui s'éloigne à plus de X kilomètres de son domicile peut entraîner l'enclenchement automatique de ses caméras de vidéo-surveillance ; un véhicule pourra aussi communiquer avec une maison pour y mettre automatiquement en marche le chauffage lorsque la distance de l'un à l'autre deviendra inférieure à Y kilomètres. Avec à la clé, une plus grande utilité perçue, une présence plus riche dans le quotidien des clients, à condition pour les assureurs de délivrer ces services de façon suffisamment simple et ergonomique.

Quels sont les nouveaux défis pour votre industrie ?

Le principal défi à relever pour les assureurs est celui de l'usage effectif, dans la durée, des objets connectés par les clients. Cet usage semble pour l'instant relever plus souvent de l'utilisation anecdotique et temporaire que de l'appropriation comme un outil raisonné et pérenne. Aucune étude ne se risque d'ailleurs aujourd'hui à qualifier la durée pendant laquelle ces outils sauront garder leur place dans les foyers. A l'heure actuelle, la durée moyenne d'utilisation des objets connectés est de 6 semaines[1]. Le rythme parfois effréné de l'innovation engendre lui-même un risque d'obsolescence technologique rapide pour chaque génération d'objets ; pour les petites entreprises, le service après-vente peut s'avérer coûteux à maintenir sur les premiers produits développés. Ajoutons que la bataille de l'usage, loin d'être encore gagnée, oblige les assureurs à s'interroger sur l'évolution des méthodes et modèles de commercialisation des objets connectés, mais aussi à la façon dont la collecte des données pourra être rendue suffisamment pérenne. Sans cela, comment établir une corrélation plus riche entre les comportements individuels et la probabilité d'occurrence des sinistres, et donc une modélisation modernisée pour de nouvelles pratiques tarifaires ?

Quelles sont les difficultés que peuvent rencontrer les professionnels du secteur pour démocratiser l'utilisation des objets connectés par les Français ?

La principale difficulté réside dans l'inquiétude majeure des Français quant à la protection de leurs données personnelles. La prolifération des objets connectés entraîne une augmentation exponentielle des données transitant sur les réseaux Internet ; selon certaines estimations, celles-ci doubleront toutes les douze heures en 2025, contre tous les douze mois environ en 2015 [2]. De façon marquante, 75%

des Français pensent que les objets connectés présentent un risque pour leur vie privée [3]. Afin d'atténuer cette perception, les assureurs devront faire la preuve que les données collectées sont à l'abri des attaques, encadrer leur utilisation dans de véritables standards éthiques capitalisant sur le consentement des clients, mais aussi démontrer à ceux-ci que l'intérêt qu'ils ont à s'équiper d'objets connectés – prévention, baisses de prix, services – est plus fort que les risques résiduels associés.

1) Etude du Data Innovation Lab AXA, 2015.
2) Equipe ETH de Zurich, Nature, 2015.
3) Observatoire AXA Votre Service des attentes clients, 2014.

Bruno Rousset

Président Directeur Général

Groupe APRIL

Nous remarquons une augmentation du nombre d'objets connectés trouvant des applications concrètes liées à l'assurance : prévention santé/prévention routière/habitat connecté... certains assureurs intégrant d'ailleurs des « services » objets connectés dans leurs offres (Santé, Multirisques Habitation,...). Pensez-vous que la proposition, par les assureurs, de services liés aux objets connectés associés à leurs offres va se généraliser, devenir une norme ? Quelle est votre vision sur ce sujet ?

Un récent article des Echos intitulé «L'avenir des assureurs passe par les objets connectés» précisait que 40% des assureurs interrogés déclarent avoir lancé une offre ou un pilote dans le domaine des objets connectés. Notre univers assuranciel est en effervescence autour des immenses possibilités offertes par le numérique, que ce soit les applications IoT (objets connectés), le self care, le big data et les réseaux sociaux. C'est à ce titre que les fintechs, startups censées détenir les clés de l'avantage concurrentiel, sont très courtisées. Les objets connectés et la collecte de données générées s'inscrivent donc dans le sens de l'histoire assurantielle.
Engagé très tôt dans le digital, APRIL a été parmi les premiers acteurs à recruter un CDO (Chief Digital Officer) et à constituer une structure commune à nos filiales, le GIE APRIL DIGITAL, dédiée au développement du web et de l'e-commerce au sein du groupe. Depuis 2011, nous avons ainsi significativement développé notre culture du digital à tous les niveaux (e-commerce, relations avec notre réseau de distributeurs comme avec le client final, i-gestion, smart data, self care, ...) et renforcé notre relation clients en nous appuyant sur des données web et mobile (data) et en restant ouvert sur l'extérieur, grâce à notre cellule APRIL Ventures.
Dans ce cadre, les objets connectés et les services qui en découlent viennent enrichir notre palette de services, comme en témoigne, plus récemment, l'expérimentation que nous avons lancée, chez APRIL, avec des boîtiers installés sur les véhicules des jeunes conducteurs pour favoriser la conduite responsable.
Pour autant, je pense que certains de ces objets connectés, notamment dans le domaine de la gestion de son capital santé (montres, bracelets, podomètres...), relèvent d'un certain effet de mode. Je suis davantage convaincu de leur utilité pour la surveillance et le suivi de personnes atteintes de graves et/ou longues pathologies ou encore dans le domaine de l'assurance dommage (pour la conduite notamment) où les clients sont responsables de leur comportement et de leur consommation.
En tout état de cause, pour APRIL, ce recours aux objets connectés vise avant tout à améliorer la relation client, en segmentant toujours plus finement les besoins de l'assuré et en nourrissant la démarche de services du groupe. D'autant que la big data ne nous permettra pas de tout anticiper. Le contact humain, la relation, la

proximité avec nos clients, l'écoute de leurs attentes seront tout aussi importants pour répondre à la diversité de leurs besoins.

L'utilisation des objets connectés, du digital, des datas (big, smart...) font évoluer la relation clients. Parallèlement à ce tsunami numérique, la potentielle banalisation de ces nouvelles technologies ne viendra-t-elle pas, finalement, contrarier la recherche d'un avantage concurrentiel ?

L'avantage concurrentiel qui s'appuie sur les seules technologies, quelles qu'elles soient, n'a forcément qu'un temps. Tout comme les produits, les technologies sont obligatoirement soumises à la banalisation. On le constate pour la surveillance de domicile par exemple ou les bracelets de santé connectés : se différencier sur ces offres devient difficile.

Pour les assureurs, la différenciation se fera, selon moi, à trois niveaux. Tout d'abord, nous devrons aller vers le prédictif et optimiser l'anticipation des risques, en recueillant des données sur les comportements des clients et en nous appuyant sur une segmentation plus poussée. Ensuite, je suis convaincu que le digital et ses outils (chat, visioconférence, Skype, signature électronique...) doivent être utilisés au service d'une relation client rénovée, avec une nouvelle forme de proximité, certes virtuelle mais pour autant bien réelle. Enfin, et même si les technologies continueront d'être très utiles dans le futur, les gagnants sont ceux qui auront su ne pas oublier et donc intégrer l'humain dans leurs fondamentaux, en associant étroitement, dès le départ, humain et digital. Ainsi, la mission sociétale de l'assureur (organiser les solidarités, bien servir et sécuriser les clients), qui est au cœur de sa vocation, ainsi que son rôle d'innovateur et de simplificateur, seront clés. Prendre en compte la culture de l'entreprise et le sens des actions qu'elle mène sont des éléments déterminants dans le développement. L'engagement des équipes d'APRIL, qui s'appuie sur un système de valeurs partagées (faire confiance, oser, innover, faire simple), permet de soutenir durablement cette démarche de services innovante dont le groupe a fait sa marque de fabrique.

Au final, ce ne sont pas tant les outils et les technologies qui sont importants que l'usage que nous en faisons, notamment en ayant recours au design thinking dans l'accès aux services ou la gestion des parcours clients, pour toujours plus simplifier la vie de nos assurés.

Récemment, vous avez déclaré « L'assureur numérique sera humain ou ne sera pas ». Pouvez-vous nous préciser comment nous pourrions « combiner » harmonieusement l'utilisation des nouvelles technologies tout en conservant la dimension humaine qui semble, selon vos déclarations, indispensables ?

Dans tous les cas de figure, l'utilisation de la data (smart data notamment) est et sera au cœur de la digitalisation du groupe, que cela soit sur la poursuite de la digitalisation de l'existant APRIL, la mise en place d'innovations dans le secteur de l'assurance ou le développement des ventes directes et l'accompagnement des ventes de nos courtiers partenaires. Une utilisation intelligente et ciblée de la data nous permettra d'être meilleurs sur le plan technique et de segmenter plus finement les profils de risques, donc les réponses à apporter.
Pour autant, la relation au client et la capacité à intégrer de nouveaux services resteront clés : être accessible, réactif, clair, quel que soit le canal utilisé, avec le sourire, dans la convivialité. Tout cela contribue à la valeur ajoutée que nous apportons au client, alimente la relation de confiance qui nous lie, et nous permet de nous améliorer en continu.
Ce n'est pas l'un ou l'autre ; c'est l'un avec l'autre. La maîtrise des nouvelles technologies trouvera sa pleine efficacité si l'homme, créature relationnelle par essence, censé intervenir à plusieurs stades de la chaîne de valeur (conception des offres, diffusion, après-vente) reste au centre du dispositif, au sein de l'entreprise comme dans les relations qu'il tisse avec chacune de ses parties prenantes.
Si le numérique facilite la segmentation, gardons en tête que la première mission de l'assureur est de mutualiser les risques, ce qui signifie s'attacher à apporter une solution assurantielle à toutes les typologies de clientèles. N'opposons donc pas la segmentation à la mutualisation, car la première nourrit la seconde, en répondant à des besoins très spécifiques et en assurant ainsi un maillage assurantiel très fin permettant de couvrir la majorité des profils de clients. Il y a un équilibre à trouver : c'est notre mission et c'est notre devoir d'y travailler.

ZOOM :

les startups

Repères

■ 10 000 est le nombre de startups existant en France sur les cinq dernières années [1]

■ Près de 90% de startups échouent en France [1]

■ 153 licornes à l'échelle mondiale en 2015. Des startups ou entreprises valorisées à plus d'un milliard de dollars. À titre d'exemple, il y avait 39 licornes en 2013. Il y en a eu 25 nouvelles au cours du Q2 de 2015 et 26 au cours du Q3 de 2015 [1]

■ 43% est la part du chiffre d'affaires faite par les startups françaises à l'international [2]

■ Pour 83,3% des décideurs du secteur de l'assurance l'open innovation (la collaboration entre les assureurs et des entreprises externes : startups,...) est une stratégie d'innovation efficace pratiquée ou envisageable dans leur entreprise [3]

■ Plus d'un milliard d'Euros ont été levés pour soutenir la croissance des startups du numérique en France en France [4]

■ 58% des startups en France reposent sur un modèle B to B [4]

■ 57% des Français définissent les startups comme « une jeune entreprise, avec l'ambition d'un fort développement » [5]

■ 52% des Français pensent que les startups françaises peuvent « sauver notre économie » [5]

1) Site 1001startups.fr

2) 4ème baromètre annuel de la performance économique et sociale des startups numériques en France réalisé par Eye et France Digitale, 2015

3) OFIA : Observatoire des Stratégies Innovation en Assurance.

4) Baromètre des startups du numérique, 2016

5) Sondage les Français et leurs startups, Institut Think, 2015

& verbatims

« Se laisser influencer par les startups, c'est aussi avoir une chance d'influencer le secteur de l'assurance. » propos tenus par **Jacques Richier**, Président Directeur Général d'Allianz France, lors de l'édition 2015 de la conférence « **Les startups et l'assurance** ».

« Plus largement, nous nous appuyons sur des partenaires qui connaissent les usages, et des startups qui maîtrisent de nouvelles technologies, notamment de big data. Ces startups, nous les aidons prioritairement dans la phase d'accélération et au passage, nous essayons de renforcer notre agilité voire co-construire une offre lorsque cela est pertinent. » explique **Delphine Asseraf**, Directrice Digitale, Marque et Communication d'Allianz France le 8 janvier dernier dans **inbanque.com**.

« La cohabitation avec des startups agiles nous permet d'avancer. Le rôle de grands groupes comme le nôtre est d'aider au développement de ces jeunes pousses. C'est comme ça qu'on se transforme de l'intérieur. » analyse **Véronique Weill**, Chief Customer Officer du Groupe AXA le 12 janvier dernier, dans **LaTribune.fr**.

« Il serait souhaitable de capitaliser sur les différences entre les startups et les acteurs historiques puisque les uns comme les autres offrent des atouts essentiels à l'avenir du secteur. Conjuguer la vision à long terme et l'expérience des compagnies d'assurance, avec la créativité et l'agilité des start-up, permettrait au secteur de se réinventer en proposant de nouvelles réponses et en enrichissant son offre de produits véritablement innovants. » évoque **Pauline Adam-Kalfon**, Directrice spécialisée en assurance chez PwC très récemment dans **FINYEAR.com**.

« Nous apprenons beaucoup de nos partenaires pour gagner en agilité. Cette agilité est clé. Nous voulons être un moteur de l'assurtech, un moteur de la transformation et non pas la subir. » déclare **Frédéric Tardy**, Directeur marketing et distribution du Groupe Axa dans **Usine Nouvelle** de décembre dernier.

« La nouvelle tendance est aux Regtech , les start-ups innovantes dans la réglementation, qui proposent des solutions aux assureurs pour faciliter la gestion de leurs contraintes, en particulier la connaissance clients (KYC). » explique **Sylvain Theveniaud**, Directeur de l'Accélérateur Allianz France dans **Les Echos** le 18 octobre dernier.

Ronan Le Moal

Directeur Général

Crédit Mutuel Arkéa

Quel regard portez-vous sur l'émergence des startups dans le secteur de l'assurance ?

S'il est plus récent, les compagnies d'assurance sont aujourd'hui confrontées au même phénomène que les banques : l'arrivée en force de startups qui investissent le plus souvent un maillon de la chaîne de valeur en proposant des services innovants à la clientèle. Le secteur de l'assurance n'est plus une citadelle imprenable. Une étude du cabinet PricewaterhouseCoopers met d'ailleurs en évidence cette lame de fond dans le secteur mondial de l'assurance, à l'heure où les clients souhaitent des produits toujours plus personnalisés et où les assureurs cherchent à réduire leurs coûts. Les investissements annuels dans les startups de l'assurance – ou AssurTech - ont ainsi été multipliés par cinq au cours des trois dernières années.
A l'instar des FinTech dans les services financiers, ces AssurTech profitent de la conjonction de plusieurs dynamiques disruptives. Internet et la technologie numérique transforment profondément les canaux d'acquisition de la clientèle ainsi que les modes de distribution et de consommation des produits et services d'assurance, qu'il s'agisse d'assurance-dommages, d'assurance-vie ou de prévoyance. Par ailleurs, le Big data qui bouleverse les techniques d'estimation du risque – la raison d'être des assureurs ! –, l'essor de l'économie collaborative qui induit d'assurer l'usage en plus de la propriété des biens ainsi que le développement de nouveaux moyens et modalités de paiement concourent à l'émergence de ces nouveaux acteurs qui viennent challenger les assureurs traditionnels. Lesquels, pour leur part, doivent faire face à une baisse continue de leurs revenus du fait principalement du changement de législation sur les commissions ainsi qu'à une pression réglementaire qui ne cesse de croître.

Les assureurs doivent-ils craindre ces nouveaux venus ?

Les AssurTech représentent à la fois un défi et une opportunité pour les compagnies d'assurance. Avec une certitude : le modèle de l'assurance unique a vécu ! En effet, ces startups innovantes et agiles, qui créent des « ruptures » dans les modes de relation, obligent les assureurs à réinventer leur métier.
Les AssurTech doivent être plutôt considérées comme des partenaires potentielles. Elles constituent des aiguillons précieux qui doivent stimuler notre créativité et relever notre niveau d'exigence. Vivier d'innovations et levier de transformations, elles sont le meilleur moyen de rester à la pointe de la technologie et des usages. Elles nous enseignent également comment faire face à des exigences toujours plus fortes des clients, dans un contexte de désintermédiation progressive. Conjuguer la vision

à long terme et l'expérience des assureurs traditionnels, avec la créativité et l'agilité des startups, va permettre aux assureurs de se réinventer en proposant de nouvelles réponses, en enrichissant l'offre de produits avec des services véritablement innovants tout en ayant une meilleure approche des risques grâce aux nouvelles technologies. Les compagnies d'assurance devront, par exemple, renforcer leurs initiatives sur le terrain de la prévention et proposer des services connectés complémentaires pour devenir un partenaire incontournable au quotidien. C'est essentiel pour consolider la relation avec les assurés et gagner leur fidélité.

Les attentes des assurés ont beaucoup changé, leurs références également. C'est aujourd'hui Facebook, Amazon ou Apple qui imposent leur modèle d'expérience client. Nous ne pouvons pas faire abstraction de cette réalité. Nous devons être en mesure de proposer aux clients une expérience similaire à celle que leur offrent les entreprises technologiques et de distribution, en termes de mobilité, de simplicité et de transparence. L'amélioration du parcours client, tout en préservant la sécurité des process, constitue donc l'enjeu clé de la transformation numérique des assureurs. Au-delà de leur technologie disruptive, c'est dans l'expérience-utilisateur, dans l'interface d'échange avec l'assuré, que les startups bousculent le plus les pratiques.

Quelle est la stratégie du Crédit Mutuel Arkéa dans ce domaine ?

Le Crédit Mutuel Arkéa, comme tous les bancassureurs français, doit trouver des relais de croissance et faire évoluer son business model. Précurseur, le groupe a déjà tissé des liens très forts avec l'écosystème des startups avec lesquelles nous développons diverses formes de coopération, qu'elle soit technologique et/ou capitalistique. Nous sommes ainsi actionnaires de Younited (anciennement Prêt d'Union), le leader des financements entre particuliers. Nous sommes également au capital de Linxo, l'agrégateur de comptes bancaires. Enfin, nous avons acquis l'an dernier 86% du capital de Leetchi, dont les services de paiement sont complémentaires des nôtres. Sa solution Mangopay, dédiée aux acteurs de l'économie collaborative, est devenue la référence pour les places de marché et les plateformes de financement participatif. Plus de 1 000 plateformes dans 22 pays l'ont déjà adoptée.

Nous appliquons la même stratégie offensive pour nos activités d'assurance. Suravenir, notre filiale d'assurance-vie et de prévoyance, vise un fort développement sur le marché de l'Internet via, notamment, des partenariats externes. Suravenir travaille ainsi avec des startups qui proposent des modèles alternatifs de placement à moindre coût. C'est le cas notamment de wesave.fr, une plateforme d'épargne digitale qui repose sur l'alliance inédite d'experts en gestion de patrimoine associés à une équipe d'ingénieurs et de data scientists. Suravenir accompagne également

Marie Quantier qui a mis au point une technologie unique de « High Performance Computing ». Ce système permet de réaliser en quelques secondes des millions de stress tests sur le portefeuille des clients pour quantifier précisément la baisse potentielle du portefeuille. Suravenir collabore, par ailleurs, avec Yomoni qui figure déjà parmi les leaders des robo-advisors. Suravenir Assurances et Novélia, nos filiales d'assurance-dommages, s'inscrivent dans la même démarche partenariale.

Quelle place occupe l'innovation au Crédit Mutuel Arkéa ?

L'innovation, au sens le plus large, est un « capital stratégique » pour un groupe de taille intermédiaire comme le nôtre. L'innovation appartient même au patrimoine génétique du Crédit Mutuel Arkéa qui est, d'ailleurs, souvent perçu comme une « banque geek ou techno ». Elle constitue un axe de différenciation fort et nous permet de concevoir et de développer de nouvelles interactions avec nos clients. Cette expertise est, bien entendu, le fruit du travail de nos ingénieurs mais aussi de nos méthodes d'innovation ouverte. Dans un environnement bancaire, concurrentiel et en constante évolution, l'innovation ouverte est indispensable pour identifier les nouvelles tendances qui bouleverseront demain les usages et les modes de relation avec la clientèle. L'open innovation démultiplie le champ de nos réflexions et de nos possibilités.

Le point de départ de notre démarche reste la curiosité. Il faut être en veille permanente. C'est indispensable ! La bonne idée peut, en effet, surgir de partout. Il faut donc prendre du temps pour rencontrer et écouter les entrepreneurs nous exposer leurs projets. Le partenariat noué avec France Digitale, l'association de référence des startups du numérique, avec laquelle nous organisons notamment des ateliers de travail dans toute la France, favorise ce type d'échanges constructifs.

Le fonds ISAI, le fonds d'investissement des entrepreneurs Internet dans lequel nous détenons une participation, constitue aussi un bon observatoire du « changement » en vue de détecter les futures disruptions. Notre investissement dans RAISE qui intervient notamment auprès des jeunes entreprises de croissance, les lancements de « West Web Valley 1 », un fonds dédié aux entrepreneurs de la filière numérique, et de « We Positive Invest », un fonds d'innovation sociétale à destination notamment des précurseurs de la transition écologique découlent de la même ambition : capter les innovations que d'autres ne verront peut-être pas !

Notre stratégie d'innovation ouverte s'appuie également sur nos partenariats avec des grandes écoles (informatique, ingénierie, design), avec des fondations universitaires (Rennes et Bordeaux) ou avec des tiers-lieux qui enrichissent les perspectives de collaboration pluridisciplinaire. Un exemple : Suravenir et Suravenir Assurances parrainent l'Executive MBA « Data scientist des métiers de l'assurance » de l'Ecole Polytechnique d'Assurances, avec la possibilité de proposer des sujets de recherche dans les domaines de la data science et de la stratégie.

Qu'attend le Crédit Mutuel Arkéa de ces initiatives d'open innovation ?

Le partage d'expériences et de savoir-faire avec ces startups crée une saine émulation. Collaborer avec une startup, c'est injecter une bonne dose d'ingéniosité et d'agilité à l'intérieur de notre groupe. Tant pour faire émerger les services bancaires et d'assurance de demain que pour revoir nos modes d'organisation et la conduite de projets. Le danger qui guette toute entreprise, c'est le fonctionnement en silo ! C'est d'ailleurs pour cela que nous avons créé, dans le cadre de notre projet stratégique Arkéa 2020, une structure interne – Le Square – en vue de favoriser la transversalité et de mobiliser l'intelligence collective au service de la réussite de nos projets futurs.

IV - FOCUS :
la relation clients

Repères

■ 200 milliards de dollars à l'échelle mondiale sont perdus par les entreprises qui proposent des moyens de communication en décalage avec les usages d'aujourd'hui [1]

■ 89% des français estiment qu'un contact humain est important au moment de parler d'assurance [2]

■ 35 % des opérateurs proposent à leurs prospects une souscription en ligne [3]

■ Les opérateurs d'assurance sont présents sur près de 3 réseaux sociaux [3]

■ 79 % des assureurs sont en train de revoir leurs modèles de rémunération et de repenser leur modèle de distribution, afin de l'adapter à leur approche multicanale [4]

■ Plus de la moitié (52%) des assureurs prévoient de mettre en place un processus de vente totalement digitalisé au cours des trois prochaines années, mais un sur quatre seulement dispose aujourd'hui d'un tel dispositif [4]

■ 65% des assureurs du marché ont mis en place une souscription full web. Le produit d'assurance où le full web est le plus mis en place est la santé (67%) [5]

■ 24% des Français abandonnent la vente sur un point de vente physique à cause de l'indisponibilité du personnel et 30% à cause des files d'attente [6]

■ 12% des internautes ont souscrit une assurance en ligne au cours des deux dernières années [7]

■ 54% des personnes sondées pensent également que d'ici 2030, les vendeurs seront entièrement remplacés par des outils d'aide à l'achat numériques [8]

■ 57% de l'assurance européenne est distribuée par les intermédiaires. 52% c'est la part de marché en France des intermédiaires en assurance non vie [9]

1) Etude de Dimelo, 2015
2) Etude Opinion Way, 2014.
3) Etude de Colombus Consulting, 2015.
4) Etude Accenture, 2016
5) Infographie CCM Benchmark, 2013
6) Infographie de Digital Instore de juillet 2016
7) Infographie CCM Benchmark, 2015
8) IFOP, 2015
9) 2ème observatoire des Intermédiaires d'Assurance, 2015.

& verbatims

« L'expérience doit être fluide et sans couture. Il n'est plus envisageable de reposer au client les mêmes questions ou de lui demander les mêmes pièces justificatives. Ce qui implique de revoir l'organisation derrière. Se pose aussi la question de la modernisation du système d'information, de son « APisation ». Les systèmes de production d'un côté et les systèmes clients de l'autre doivent se parler. » évoque **Olivier Le Hénaff**, Directeur de la transformation d'Aviva France le 22 septembre dernier dans **ITESPRESSO**.

« Toutes nos offres aux particuliers sont déjà digitalisées, et nous réalisons 30% de nos contrats Internet via le mobile. Plus de 3 millions de personnes sont aussi venues faire un devis express en ligne, qui permet d'obtenir un tarif d'assurance auto en répondant à 5 questions uniquement. » explique **Jacques Richier**, Président Directeur Général d'Allianz France dans **les Echos** en novembre dernier.

« Nous mesurons la qualité de l'expérience client sur chacune des 7 étapes clés du Parcours Client. » déclare **Stéphane Dedeyan**, Directeur Général Délégué de Generali le 6 octobre dernier lors de la remise du Trophée de l'Expérience Client - **15ème édition des Trophées de l'Assurance**.

« À la Maaf, 75% de nos clients nous contactent d'eux-mêmes au moins une fois par an, en agence, par téléphone ou sur le Net. Parallèlement, nous les joignons en moyenne 8 fois par an. Ceci afin d'éviter que notre relation n'existe qu'en cas de problème. » déclare **Bruno Lacoste**, Directeur Marketing et Communication de la MAAF dans **l'Argus de l'Assurance** en juin 2015.

« Le digital n'est pas un but mais un moyen » « Le client a de nouveaux modes de consommation : il achète sa musique sur Deezer ou Spotify, regarde des films sur Netflix, loue son appartement de vacances chez AirBnB, utilise Uber : nous devons être capables d'offrir la même expérience client. Chez nous, le premier pôle impacté, c'est la distribution. L'agent ou le broker a besoin de monter en compétence en matière de technologie digitale. Nous avons ainsi conclu des partenariats avec Facebook et LinkedIn. Deuxièmement : nous considérons que nous avons des produits de commodité et d'autres plus complexes. À terme, les premiers seront totalement souscrits en ligne : assurance auto, maison, vacances, ... Nous essayons de faire cohabiter les mondes. Par exemple avec l'application MyAxa, sur laquelle on peut souscrire un contrat ou déclarer un sinistre détaille la directrice des opérations d'Axa. » : résume **Véronique Weill**, Chief Customer Officer du Groupe AXA sur **La Tribune.fr** en janvier dernier.

« Aujourd'hui, agents et courtiers sont à la croisée des chemins : ils ont compris que leurs moteurs de croissance actuels – à savoir une activité très orientée IARD et s'adressant principalement au segment des particuliers – ne seront pas ceux de demain. Pour évoluer, ils ont en effet une carte à jouer vis-à-vis de la clientèle courtisée des professionnels en recentrant leur rôle sur le conseil et les services. » explique **Arnaud Caspar**, Directeur Général de Stanwell Consulting dans **NewsAssurances** en septembre 2014.

« Le digital est un canal complémentaire : il ne remplace pas l'agent général, qui reste au coeur de la relation client. » explique **Antoine Denoix**, Directeur Marketing, Digital et Data d'Axa France dans **l'Argus de l'Assurance** en juin 2015.

« La technologie doit nous faire prendre conscience de l'urgence du moment. Au cours des 400 dernières années, nous avons été les experts de l'évaluation du risque. Maintenant, le pouvoir est en voie de revenir entre les mains de nos clients. » explique **Michel Laurin**, Président et chef de l'exploitation, assurance auto et habitation, à l'Industrielle Alliance dans **Revue gestion** le 23 septembre dernier.

Eddie Abecassis

Directeur Marketing & Transformation Digitale

Swiss Life

Avec l'arrivée des robots-advisors, l'avenir des conseillers financiers est-il menacé ?

Il serait illusoire de penser que le domaine du conseil financier restera durablement étranger aux progrès de l'intelligence artificielle. Le conseil financier se base sur l'analyse d'une situation donnée et la capacité à élaborer la meilleure stratégie possible, sous contraintes, dans un environnement à information incomplète. Alors, si un ordinateur : AlphaGo, peut battre le meilleur joueur de Go du monde, un autre ordinateur doit être capable de donner un conseil financier pertinent. Mais au-delà de la capacité à donner le meilleur conseil dans une situation donnée, c'est la puissance de calcul qui impressionne :

• Un ordinateur est capable d'analyser chaque nuit des millions de portefeuilles d'investissements.

• Il peut vérifier les écarts entre l'appétence au risque de chaque client et la volatilité de ses placements.

• Il peut intégrer ses préférences en matière de choix d'actifs.

• Il sait intégrer, sans faillir, les contraintes réglementaires…

• Un ordinateur peut ensuite analyser quantitativement les 8000 opcvm disponibles à l'achat sur le marché français et déceler des tendances en temps réel.

Si l'on ajoute les techniques désormais éprouvées d'écriture en langage naturel, une IA est aujourd'hui capable de personnaliser des millions de courriers pour les envoyer automatiquement par email, lorsque la situation le justifiera.

Dans ces conditions, on peut légitimement se poser la question de la valeur ajoutée du conseiller humain pour gérer ses avoirs financiers. Se contenter de cette première lecture serait toutefois réducteur. Il est en effet essentiel d'ajouter qu'il n'existe pas de modèle prédictif infaillible de l'évolution des marchés financiers. Dans ces conditions, si un robot-advisor aura le mérite d'être plus constant qu'un humain dans ses analyses, il est illusoire de penser qu'il est la solution ultime en matière de conseils.

Un établissement à Réseau qui veut maitriser ses risques sera rassuré de savoir que pour deux situations équivalentes, un robot apportera la même réponse, même si cette réponse n'est pas parfaite, parce que ce ne sera quasiment jamais le cas lorsqu'on propose la même situation à deux gestionnaires d'un même établissement financier… Mais la pertinence du robot dépendra totalement de son modèle sous-jacent. Il y aura de bons robots et il y aura de mauvais robots, et certains modèles pourront très bien fonctionner dans un contexte donné, et moins bien dans d'autres. Parfois mieux que certains humains, parfois moins bien que d'autres, puisque ces derniers seront eux-mêmes équipés d'outils d'analyse performants.

Le remplacement définitif du conseiller humain ne serait donc pas pour demain ?

Aujourd'hui, le robot advisor est une version améliorée des outils d'aide à la vente et d'analyse. Optimisation fiscale, bilan patrimonial, calcul de volatilité, analyse quantitative.... Les professionnels utilisent depuis bien longtemps l'outil informatique pour les aider dans leurs analyses et leurs décisions.
Ce qui change aujourd'hui c'est la tentation de passer « du producteur au consommateur » à savoir d'imaginer délivrer directement au client les données issues de l'ordinateur parce qu'elles auront été rendues intelligibles, concrètes et pourront être adressées de façon automatisée. Cela n'est pas absurde dans un grand nombre de cas, et cela doit amener les conseillers financiers à repenser leur rôle. Admettons que le domaine de la vente de produit financier nécessite encore longtemps le recours à un conseil en face à face. De l'avis de tous, le domaine du conseil après-vente reste le point faible de la relation commerciale.
Dans toutes les enquêtes réalisées sur les services financiers, le premier reproche fait à son conseiller commercial par le client est le manque de proactivité.
Combien de contrats de placement sont restés, pendant des années, sur l'allocation d'actifs choisie au départ ? 80 % ? 90% ? Et en ce compris les allocations full Euros, qui ont de moins de moins de sens sur les niveaux de taux actuels. Je ne parle pas des contrats gérés par des professionnels de type CGPI, banques ou assureurs spécialisés en gestion de patrimoine, dont le métier est justement d'apporter du conseil en temps réel, mais des portefeuilles et contrats d'assurance-vie détenus par des millions de clients dans les banques et les compagnies d'assurances traditionnelles.
Si le robot-advisor peut dynamiser le conseil financier, ce sera une évolution majeure pour toute la profession. Le scénario à privilégier pour l'instant est donc le suivant :
• Certains clients vont bénéficier d'un conseil financier automatisé pertinent, délivré par un robot-advisor et ils pourront se retourner vers leur conseiller humain en cas de besoin. Cette catégorie de clients concerne le segment des patrimoines faibles à intermédiaires, et j'inclue dans cela les fameux Henry's (High Earners Not Rich Yet).
• Les clients les plus fortunés continueront à bénéficier de conseils personnalisés sur mesure, avec un conseiller en Gestion de Patrimoine dédié.

SwissLife a décidé de créer sa propre startup : Cross Quantum, pour accompagner ces évolutions, pouvez-vous nous en dire plus ?

SwissLife ne pouvait rester à l'écart d'une mutation aussi structurelle de son marché. C'est pour cela que nous avons créé Cross Quantum, le premier agrégateur de

patrimoine en France. La base du métier de conseil est l'analyse de l'existant, et il est très compliqué pour un conseiller financier d'avoir une vue complète, réévaluée en permanence, du patrimoine de son client lorsque ce dernier détient des placements dans plusieurs établissements financiers.
L'application LaFinBox, créée par CrossQuantum, au-delà d'intégrer les flux financiers, agrège aussi les données des contrats d'épargne, quel s qu'ils soient, pour donner une vision synthétique en temps réel du patrimoine financier d'une personne.
Il faut bien noter que cette application est destinée au grand public. L'utilisateur reste donc le seul et unique propriétaire de ses données.
Une fois les données agrégées, l'utilisateur décide s'il souhaite recevoir des conseils, et lesquels. Il peut se contenter de suivre son patrimoine tout seul, il peut adhérer à un service de conseil via le robot-advisor de son choix, ou il peut demander à être mis en relations avec un conseiller financier.
Lorsque le client décide de travailler avec un conseiller financier, il peut autoriser celui-ci à visualiser ses avoirs, mais il peut aussi supprimer cette autorisation à tout moment. Nous pensons que cette offre répond aux attentes des clients de demain par rapport à la gestion de leur patrimoine puisqu'elle leur offre une parfaite maîtrise des données les concernant, et la possibilité de communiquer ces informations aux personnes de leur choix.
Il est important de souligner que l'essence même des évolutions digitales est de rendre au client le pouvoir sur ses propres données. L'avenir est donc un consommateur mature et informé qui connaît ses données financières et qui choisit les modalités de conseil les plus pertinentes pour l'accompagner dans la constitution et la gestion de son patrimoine.
Nous sommes par ailleurs persuadés que la plupart des clients patrimoniaux seront demain hybrides (et c'est aussi notre conseil), c'est-à-dire qu'ils exigeront le meilleur des deux mondes : des outils en ligne performants et un conseil en face à face différencié. Plus que jamais dans ce contexte, le conseiller financier va devoir évoluer pour apporter de la valeur ajoutée et cette évolution devra se faire en bonne intelligence avec les assureurs, principaux fournisseurs de solutions en matière d'épargne en France.

Hamid Benamara

Directeur Général

LesFurets.com

Le digital, dans l'assurance comme dans d'autres secteurs, place le client au cœur des préoccupations des entreprises qui doivent significativement évoluer, en particulier sur la transparence. D'ailleurs, vous déclariez récemment « l'opacité qui pouvait, auparavant, arranger certains acteurs du secteur de l'assurance n'est plus de mise puisque les outils éclairent le consommateur et lui permettent de comprendre ce qu'il achète ». Comment de ce point de vue, concrètement, les Assureurs doivent-ils évoluer ?

Le numérique remet en effet le consommateur au centre des modèles des assureurs et de leur proposition de valeur. Le digital va même au-delà de cela car il apporte une notion fondamentale pour le secteur de l'assurance : la transparence. Il bouleverse les équilibres de ce marché et créée une véritable rupture dans la façon de choisir et de consommer son assurance.
Le consommateur s'est mué en consom'acteur. Ce dernier est plus que jamais connecté, mobile, hyperinformé et engagé. Il achète ses voyages sur Internet, fait son shopping via différents sites de e-commerce, compare les offres des banques en ligne, gère son budget via une application dédiée... et n'hésite pas à partager son expérience, son avis sur un produit et ses recommandations sur les réseaux sociaux. Aucun secteur ne peut échapper à cette évolution, même l'assurance. D'ailleurs, le phénomène est bel et bien déjà en marche car selon une étude Ipsos, 70% des internautes vont sur Internet pour faire des simulations avant d'acheter un contrat d'assurance.
La transparence doit s'imposer comme une norme pour les assureurs. Elle apporte aux consommateurs une certaine clarté, une forme de pédagogie et une plus grande lisibilité des offres – qui d'ailleurs était souvent perçues comme opaques et complexes. Elle simplifie la compréhension et estompe peu à peu le jargon propre au secteur. Le numérique et ses outils (sites, FAQ, réseaux sociaux, forums...) permettent ainsi aux consommateurs de trouver l'information qu'ils recherchent et de choisir le produit adapté à leur situation et dont ils ont besoin.
Le déni de cette réalité pourrait être extrêmement préjudiciable voire dangereuse pour l'existence d'une compagnie d'assurance. Son aptitude à s'adapter à un environnement en permanence mouvant et à ses nouvelles normes comme la transparence, sa capacité à faire preuve d'agilité et de rapidité seront les piliers indispensables pour créer un véritable avantage compétitif.

Le client est plus mobile, plus volatil, plus insaisissable mais aussi plus exigeant dans ses besoins et ses attentes. C'est lui qui décide où et comment acheter, passe par différents canaux pour s'informer sur les produits et services. Cela

nécessite de toucher le client à travers les différents canaux existants afin de lui proposer un parcours et une communication cohérents, interactifs, fluides et technologiquement compatible. Comment un comparateur d'assurances, comme Les Furets.com, se positionne dans cette relation omnicanal ?

Le comparateur d'assurance est un canal de distribution ancré dans le numérique. C'est un accompagnateur clé dans la digitalisation du secteur. Il répond en effet aux nouvelles habitudes des Français qui n'hésitent plus à comparer avant de souscrire leur contrat d'assurance. Le comparateur doit être considéré comme un canal de distribution complémentaire pour les assureurs. En étant présent en amont dans le parcours d'achat du consommateur, il apporte des prospects déjà qualifiés et une volumétrie d'affaires supplémentaire. Il ne vient pas cannibaliser pas les réseaux de distributions existants et physiques (agents, courtiers...). Une condition sine qua none sous-tend néanmoins cette complémentarité : la cohérence et l'homogénéité des offres sur l'ensemble des canaux. Cet élément est fondamental pour garantir une expérience client fluide que l'utilisateur soit sur son téléphone mobile, son PC, face à son agent ou par téléphone.

Au-delà de cette complémentarité, notre différenciation se fait aussi grâce à notre business model qui repose sur un cercle vertueux. Nous ne sommes rémunérés en effet qu'une fois que l'internaute a souscrit avec l'assureur qu'il a choisi ; soit une rémunération à l'affaire nouvelle (CPA). Les assureurs, courtiers et mutuelles bénéficient ainsi d'un coût d'acquisition totalement maîtrisé. Par ailleurs, un point essentiel de ce cercle vertueux est également notre indépendance. Nous n'avons aucun lien capitalistique avec les compagnies d'assurance présentes sur notre panel et restituons ainsi les offres correspondantes aux besoins de nos utilisateurs en toute impartialité.

Grâce à la technologie, LesFurets.com met ainsi tout en œuvre pour proposer à l'internaute le plus d'informations et l'offre correspondant le mieux à ses attentes et à son profil. Nous nous engageons également à protéger les données de nos utilisateurs en ne les commercialisant pas.

Nous mettons en place de véritables relations de partenariat avec les assureurs présents sur notre panel. Nous leur apportons notre expertise numérique, nous les accompagnons et échangeons sur leur apprentissage digital et nous partageons notre savoir-faire concernant l'analyse des données de nos utilisateurs. Tout ceci, dans le but d'apporter toujours plus de valeur ajoutée aux consommateurs et de leur proposer l'offre la plus adaptée à leurs besoins.

Un des outils majeurs de la digitalisation de la distribution d'assurance est les sites de comparaisons en ligne. Que pensez-vous de l'avenir du marché de la

comparaison en ligne ? Les comparateurs vont-ils continuer de se développer sur le marché français ?

Oui, la digitalisation et le développement de la comparaison en ligne sont deux phénomènes irréversibles. Les comparateurs répondent à une vraie tendance et demande venant des consommateurs. Aujourd'hui selon une étude que nous avons menée avec l'institut de sondage Odoxa, 91 % des Français comparent les prix avant d'acheter. Ce réflexe s'étend progressivement au secteur de l'assurance.
Les utilisateurs actuels des comparateurs d'assurance – en majorité âgés de 25 à 49 ans- ont déjà adopté cet automatisme et continueront à utiliser ce type de service au fil du temps. La prégnance des comparateurs sera aussi poussée par le poids de la génération « Millenials » et des « Digital Natives ». Leurs habitudes de consommation ont fait de la comparaison un véritable automatisme. La synergie entre les comparateurs et les assureurs deviendra donc une évidence pour pouvoir répondre à leurs attentes. La digitalisation des parcours clients au sein du secteur de l'assurance accélérera également le développement de ces collaborations. En effet, l'exemple du secteur du voyage montre qu'une certaine résistance au changement et à la transformation peut mettre en péril l'existence des entreprises.
Le développement des comparateurs en ligne ira de pair avec la normalisation des offres des assureurs. Il apportera également une plus grande transparence et ce, dans l'intérêt des consommateurs. D'ailleurs la transparence doit devenir un standard à l'image du décret publié en avril dernier sur ce sujet. Toujours dans la lignée de l'engagement auprès du consommateur, il sera également important de clarifier l'exploitation des données des utilisateurs. En effet, de mauvaises pratiques ternissent encore l'image des comparateurs. Il est indispensable que la protection de ces données devienne une valeur clé pour l'ensemble des acteurs et que celle-ci fasse l'objet d'une mise en application effective.
Le marché de la comparaison d'assurance en France requiert une expertise métier très forte étant donné sa complexité (réglementations, spécificité des produits d'assurance…). Un business model vertueux et exigeant reposant sur des fondamentaux clairs tels que la transparence, l'indépendance et la protection du consommateur sont des éléments indispensables pour le développement de cette activité.
Par ailleurs, les comparateurs apportent un nouveau souffle au secteur de l'assurance. Grâce à leur agilité, leur capacité d'innovation et leur expertise digitale (expérience utilisateurs en ligne, analyse des données…), ils sont des éléments moteurs contribuant à la transformation numérique de l'assurance et de ses acteurs. L'appréhension du phygital et l'ouverture à l'omni-canal des assureurs agiront comme de vrais catalyseurs dans le développement des comparateurs et donc de l'amélioration de l'expérience client.

Fabrice Couturier

Fondateur

BPSIs NAOASSUR

Fabrice Couturier, vous avez créé avec 2 associés il y a deux ans une startup innovante sur le parcours de souscription de contrats en assurance emprunteur. A votre avis, quels sont les enjeux de la digitalisation dans l'assurance et plus particulièrement sur l'assurance emprunteur ?

Si le numérique et ses usages remportent le succès que l'on constate, y compris dans l'assurance, c'est parce qu'ils sont parfaitement alignés avec les évolutions fortes que connaît l'environnement micro et macroéconomiques actuel. J'en vois quatre majeures :

Une première tendance est le renforcement de l'individua¬lisme économique et comportemental. Il faut comprendre que l'assuré a changé, que ces attentes ont évolué, qu'il attend un contenu plus riche en services, qu'il est plus exigeant. En tant que consommateur, il veut avoir le choix de son produit, de son mode de communication. Il privilégie les interactions rapides, simples, instantanées, déstressées avec ses interlocuteurs, y compris dans les services financiers. Il est aujourd'hui client d'une banque en ligne, il déclare ses impôts en quelques clics et bien entendu privilégie tous les process qui lui permettent de gagner du temps et du stress, d'avoir accès à des services partout, tout le temps. Il aime exprimer son avis et utilise plusieurs canaux pour le faire à tout moment et sans crainte. Il est au centre, et il le sait de plus en plus. Loin d'être passif, il est aussi prêt à collaborer, à participer à la construction de son offre pour au final s'assurer une prestation personnalisée, maîtrisée et au meilleur rapport qualité / prix.

Une deuxième tendance est le renforcement du cadre réglementaire de protection du consommateur et de gestion des risques. L'assurance est un secteur d'activité très réglementé sur ces deux points et aucune innovation technologique ne peut aujourd'hui ignorer ces contraintes. La question de la confiance est centrale et déterminante dans la capacité des assureurs à incorporer l'innovation numérique. Judicieusement pensées et bien intégrées dans les parcours, elles se transforment en opportunités : plus de transparence, de traçabilité, plus de collecte de données qui au final augmentent la sécurité juridique des assu¬reurs, la confiance des assurés et permet l'explo¬ration responsable du champ des possibles dans le cadre de projets (pourquoi pas *Big Data*) bien cadrés.

Une troisième évolution est celle que connaît aujourd'hui la distribution des produits financiers et plus particulièrement des produits d'assurance. Les structures des distributeurs changent et se mixent : agents, agents généraux, courtiers individuels, réseaux de franchises, de succursales, plates-formes téléphonique, plates-formes web... Les stratégies multi et cross-canal mises en place par les grands réseaux imposent également de repenser la chaîne de valeur. Le client peut s'adresser à une agence, contacter une plate-forme téléphonique et remplir une demande de contact sur un site internet pour un même dossier. De nouvelles interactions se créent, les acteurs se multiplient les lignes bougent entre les acteurs, des briques entières du parcours client sont à inventer et ce sont les bien évidemment les outils digitaux qui rendent possibles ces évolutions.

Enfin, le contexte d'un monde occidental en crise modifie les comportements des acteurs économiques, accentue la recherche de la rentabilité immédiate des initiatives. Pour le consommateur, pour les compagnies d'assurance et tous les acteurs de la chaîne de valeur, les projets doivent être menés vite et avec des investissements contraints. La pression sur les marges et sur les délais favorise l'apparition de solutions digitales souples, agiles, au *time-to-market* maîtrisées, facilement intégrées aux interfaces clients, aux postes de travail des réseaux ou des plates-formes. Nous le voyons, la digitalisation est une des clés qui permettent de répondre à ces évolutions de fond. Cela ne veut pas dire que les stratégies numériques permettent à coup sûr de tirer son épingle du jeu. Etant devenu naturel, notamment pour le client et de plus en plus pour les intermédiaires, le numérique est un acquis et moins une marque d'innovation. Un retard dans la digitalisa¬tion peut devenir un profond handicap.

Dans le secteur de l'assurance emprunteur avec les évolutions réglementaires récentes, la difficile information du consommateur, la complexité du parcours médical et les changements stratégiques des réseaux de distribution nous sommes au cœur des changements qui appellent une révolution numérique. De par leur grande taille, les assureurs traditionnels ont du mal à répondre à ces attentes, et c'est la raison pour laquelle de nouveaux acteurs le font pour elles.

BPSIs Naoassur, rencontre aujourd'hui un franc succès. En quoi ce que vous proposez correspond à ces quatre évolutions ? Quels sont les bénéfices pour les différents acteurs ?

Nous avons mis au point une solution digitale Multinet® qui permet simplement et rapidement de souscrire des contrats d'assurance emprunteur y compris dans des situations personnelles complexes avec sélection médicale. Construit autour de moteurs de règles puissants, le parcours s'adapte à chaque demande et s'insère dans la chaîne de valeur quel que soit le réseau de distribution, sa taille ou sa structure. Une connexion Wifi, un smartphone ou un ordinateur suffisent pour vendre et souscrire sans souci. Puis, automatiquement, sans délai et sans stress, les informations sont vérifiées, le dossier est suivi, les décisions sont prises, le devoir de conseil est formalisé. En fin de parcours, la signature électronique permet de contractualiser de

façon immédiate et en toute sécurité. La promesse de simplicité et de rapidité est tenue avec des bénéfices mesurables pour tous les acteurs. Le client est assuré plus rapidement, bénéficie des meilleures garanties au meilleur prix et suit en temps réel l'avancée de son dossier jusqu'à son aboutissement.
Pour le distributeur, l'automatisation des relances lui permet d'alléger son activité de suivi de dossier au profit de sa relation commerciale. Plus besoin d'imposer un parcours client unique, les acteurs s'organisent selon leur propre contraintes (par exemple : ils initient ensemble le dossier, l'assuré complète son dossier médical sur son espace personnel puis ils finalisent l'accord par téléphone). Autre bénéfice courtier, son devoir de conseil est systématiquement formalisé et correspond aux meilleures pratiques de place.
Grâce aux outils digitaux, l'assureur affine sa connaissance du risque, les centres de santé simplifient la transmission des pièces médicales et le Médecin Conseil peut veiller à la parfaite sécurité des données médicales.
La relation client prend un nouveau visage. La possibilité d'agir et d'en visualiser directement les effets valorise le client et lui permet d'avoir une vue compréhensible des actions en cours. En passant, c'est peut-être pour lui l'occasion de changer sa vision des services financiers !
Après une année d'activité, BPSIs - Naoassur a en 2015 atteint 4% de parts de marché. Une réussite tant en terme de production que de satisfaction client : interrogés sur la qualité du parcours, 95% des courtiers partenaires sondés conseilleraient Naoassur emprunteur à leurs confrères et 90% des assurés déclarent avoir apprécié le parcours. Des indicateurs qui valident nos intuitions et des attentes exprimées en ligne avec nos projets : aller encore plus loin, laisser davantage la main aux courtiers et à leurs clients et simplifier encore la navigation.

Vous accompagnez déjà des réseaux de distribution et des assureurs qui souhaitent mettre en place leur stratégie digitale sur l'assurance emprunteur. Quels sont les enseignements et quelle est votre vision des perspectives à venir ?

La conduite du changement est un réel challenge pour les structures traditionnelles, généralement des grands groupes, qui cherchent à lancer rapidement des offres digitales. Elles se tournent alors vers des startups comme la nôtre. Des projets généralement stratégiques, hautement exposés qui ont fait l'objet d'arbitrages forts en terme de budget et de planning.
La dimension et l'organisation de la startup (fonctionnement très centralisé, chaîne de management courte, équipes resserrées de seniors experts) sont des opportunités. En ce qui concerne le time-to-market, travailler avec une startup permet à

un assureur aujourd'hui de lancer une offre assurance emprunteur 100% digitale en 4 mois. Même avec une volonté forte et une stratégie affirmée, la complexité des grands groupes rend difficile de garantir les délais, la qualité et le coût de mise en place. Et plutôt que de chercher à absorber rapidement les startups à leur structure, les groupes vont chercher la collaboration des équipes sur le long terme.
Le marché a un potentiel énorme estimé par SwissRe à 10 000 milliards d'Euros de besoin en couverture décès. Le marché de l'assurance emprunteur seul représente 8 milliards d'Euros de primes par an.
Pour l'avenir, les perspectives sont nombreuses et enthousiasmantes. L'Intelligence Artificielle ouvre des voies passionnantes dans l'apprentissage des moteurs de règles et l'accélération des prises de décisions médicales. Le Big Data permet d'envisager l'analyse de données de masse et le développement d'offres ultra-segmentées pour des groupes affinitaires ciblés par pathologie par exemple. Enfin, le marché français ne représente « que » 50% du marché européen, c'est dire le potentiel qui existe à l'international où les constats décrits ici sont les mêmes : recherche de parcours client simples, au coût maîtrisé, qui enchantent le client final et le distributeur.

Eymard de Charry

Directeur Digital et Multicanal

GAN Assurances

Les réseaux d'Agents généraux se définissent souvent par leurs proximités géographiques, leurs expertises produits et sur leurs capacités à délivrer du conseil. Pour vous, quel sera l'impact du développement des outils digitaux sur la relation client des intermédiaires d'assurance ?

L'ensemble des assureurs traditionnels sont engagés dans un mouvement de digitalisation progressive de leurs offres sur le Web, avec pour les plus gros acteurs une part de l'activité «origine web» qui représenterait jusqu'à 10% de leur activité. Il s'agit donc d'un relais de croissance significatif pour tous les assureurs, le principal enjeu sera d'être en mesure de proposer une expérience client fluide qui permettra à chaque client de contacter son assureur par le canal qu'il souhaite : Agence, Site Web, Téléphone, Mail, Chat, Application mobile, Espace client... et de recevoir l'information demandée sur le canal qui lui convient le mieux. Pour les Agents généraux, le développement du digital - qui a été fulgurant dans le tourisme, le livre ou la musique - représente un facteur de crainte légitime puisqu'il remet potentiellement en cause leur positionnement au centre de la relation client, et oblige à repenser les chainons de la relation client avec l'assureur.

Il est incontestable que les outils digitaux tels que site web, application, ... sont des outils fondamentalement «désintermédiants» qui encouragent le client à adopter une relation directe avec sa compagnie d'assurance : il est aujourd'hui très aisé d'obtenir sans aucun contact humain l'attestation recherchée, l'information d'un remboursement santé, le solde de son compte bancaire, ... Sur le plan de la recherche d'information, l'accès à l'information des garanties et du tarif est devenu très facile avec en corollaire une transparence sur le prix payé vs. la concurrence... Mais le développement du digital est aussi - et surtout - une source de nouvelles opportunités pour ceux qui sauront embrasser les nouveaux défis.

En premier lieu, les outils digitaux mis à la disposition des agences – lorsqu'ils sont bien conçus évidemment ! – portent intrinsèquement des gains de productivité significatifs qui doivent permettre de libérer du temps commercial. Ainsi, chez Gan Assurances, nous sommes engagés dans un très important programme de transformation informatique adapté au nouvel environnement digital : déploiement d'un nouveau « portail agence » mis à disposition de chaque agence pour assurer la gestion de la relation client au quotidien, possibilité pour les Agents généraux de choisir le matériel qui leur convient en Agence grâce au positionnement sur « le cloud » de l'ensemble des interfaces utilisateurs.

Ensuite, les réseaux sociaux sont une formidable opportunité de différenciation en alliant ancrage local et expertise. Pour l'Agent général, l'enjeu est de maitriser son identité numérique et d'utiliser le digital comme levier pour affirmer son expertise et

sa visibilité, comme il le fait dans son environnement réel. Chaque Agent général doit se poser la question : que voit un prospect / un client quand il « googlelise » mon nom ? La question de l'e-reputation est fondamentale, beaucoup de nos Agents généraux l'ont déjà intégrée dans leur réflexion commerciale mais nous devons poursuivre la sensibilisation et l'accompagnement de notre réseau sur ce point.
Enfin, le digital c'est aussi et surtout une opportunité pour repenser la relation client à l'ère du digital. Proposer une expérience client fluide - qui permettra à chaque client de contacter son assureur par le canal qu'il souhaite et de recevoir l'information demandée sur le canal qui lui convient le mieux - implique une transparence de l'information entre les canaux, pour que chaque acteur susceptible d'être en contact avec le client soit informé des actions réalisées par celui-ci et des réponses qui ont été apportées.
Pour l'Agent général, cette multiplication des canaux d'interaction client impliquera de faire confiance à d'autres acteurs qui interviendront dans la relation client : site web, emailings commerciaux, chat, et conseillers téléphoniques salariés de l'assureur. Chez Gan Assurances, cela fait plus de 15 ans que nous avons créé un centre de relation client qui intervient pour le compte de nos agences lorsque celles-ci ne sont pas en mesure de répondre aux appels de leurs clients. Avec l'essor de la relation à distance, cette plateforme démontre tous les jours qu'elle est devenue un complément indispensable pour les 400 agences adhérentes à ce service : croissance de 22% des ventes en 2015 et progression supplémentaire de 15% attendue en 2016. Nous engageons actuellement une réflexion pour élargir ce service à davantage d'agences de notre réseau et ainsi ancrer cette proposition de valeur unique au service de nos assurés.

Dans ce monde où la relation à distance prend de plus en plus sa place, quels sont les outils digitaux (site Internet, SMS, e-mail, applications, réseaux sociaux...) qui vous apparaissent indispensables à maitriser pour l'Agent général ?

Une récente enquête - menée par TNS Sofres auprès de 6700 particuliers fin 2015 - montre que la propension d'un particulier à recommander son assureur croit avec la récence de contact : la relation humaine demeure la clé de la réussite pour les intermédiaires d'assurance. Il faut par conséquent privilégier les outils permettant une fréquence de contact forte, dans un contexte de diminution du trafic en agence. Le téléphone reste donc l'outil incontournable, et il n'y a pas de meilleur conseil à donner de nos jours à une agence que de s'inscrire à une « formation-action » sur la relation client par téléphone.
Deuxième facteur de priorité : les réseaux sociaux. Ce sont eux qui feront de plus

en plus la réputation d'une agence, notamment les réseaux professionnels, nous initions pour notre part des actions de formation auprès de l'ensemble de notre réseau afin de capter les impacts commerciaux très importants associés à ce mode d'interaction direct entre l'Agent général et ses clients.
Enfin, troisième outil prioritaire : le sms qui a démontré son efficacité notamment lorsqu'il existe une urgence de contact. Chez Gan Assurances, nous avons inséré dans notre « Portail Agence » une fonctionnalité qui a été plébiscitée par notre réseau permettant d'envoyer directement depuis son PC un sms à son client.
Les autres outils digitaux (site Web, Application mobile, email...) sont davantage du ressort de l'assureur lui-même et doivent s'intégrer dans une réflexion plus large sur le parcours client multicanal.

La déferlante technologique des outils digitaux va-t-elle modifier le métier d'Agent général de demain ? Va-t-il être totalement transformé et/ou menacé par le digital ?

La distribution par réseau d'Agents n'est pas aussi menacée que certains veulent bien le dire. Avec un modèle opérationnel efficient, le digital représente un formidable gisement d'opportunité d'accélération du développement et de rentabilité : accroître la considération pour les offres grâce à des actions de génération de trafic toujours plus ciblées et une vitrine Web optimisée, accroître la conversion des devis en contrat via notamment la mise en place d'un système de relance téléphonique très rapide des devis réalisés sur le Web, et enfin accroître la fidélisation client par la mise à disposition d'une palette de services disponibles en mobilité.
Avec l'essor du digital, le consommateur exige de l'information instantanée et de pouvoir comparer, tout en ayant une réponse personnalisée. Cette exigence induit une beaucoup plus forte collaboration entre les acteurs (et notamment intermédiaires et compagnie) et un réel effort pour positionner l'agent au centre de la relation client.
Chez Gan Assurances, nous croyons en l'avenir des réseaux d'Agents généraux. Nous avons beaucoup travaillé ces deux dernières années avec notre réseau pour construire avec lui une vision partagée pour notre distribution multicanale. Notre souhaitons faire de Gan Assurances un acteur reconnu du commerce digital parmi les réseaux d'Agents généraux. Cette ambition se construit sur notre modèle de fonctionnement « multicanal intégré» que nous avons bâti en nous appuyant sur le bilan de nos expériences de distribution digitale de ces dernières années.
Ce modèle s'articule autour de principes fondamentaux que nous appliquerons dorénavant à l'ensemble de notre distribution multicanale : le web et le téléphone sont au service de la performance commerciale des agences, 100% des agences

sont intégrées dans le dispositif web, 100% des clients web sont affectés à une agence, le même produit est disponible sur le web et en agence et une plateforme téléphonique intervient en relais du site web pour qualifier, souscrire ou répondre aux premières questions des internautes et les réorienter vers l'agence de proximité de leur choix.
C'est en alliant « multicanal intégré » et innovation digitale que nous avons bâti fin 2015 le dispositif « eANI » via le site pro.ganassurances.fr qui a rencontré un vrai succès en représentant jusqu'à 10% des AN de Gan Assurances tout en maitrisant le coût d'acquisition grâce à des opérations extrêmement pointues de marketing digital (référencement payant, bannières, retargeting, ...) vers la cible des professionnels sur le Web.

Patrick Evrard

Président

Agéa

L'accélération de la digitalisation des parcours clients restructurent les modèles de vente et la gestion de la relation client. Pour vous, les agents généraux d'assurance ont-ils perçu l'importance du digital dans l'évolution de leur métier ?

Les agents généraux d'assurance ont toujours su s'adapter aux nouveautés. Il y a quelques années, certains « experts » pronostiquaient au mieux l'affaiblissement des réseaux d'agents généraux, au pire leur disparition face à la montée de nouvelles formes de distribution. Force est de constater qu'ils se sont trompés ! Aujourd'hui, alors que le marché de l'assurance n'a jamais été aussi concurrentiel, alors que le nombre d'intervenants a plus que doublé, et malgré le développement du multicanal des modes de distribution, les agents généraux d'assurance détiennent toujours 34% de parts de marché en assurance de biens et responsabilités !
Alors, oui, nous avons perçu l'importance du digital et ce aussi bien sur le plan individuel que fédéral. De nombreux confrères se sont lancés dans l'aventure numérique et ont créée sites ou blogs pour apporter à leurs clients conseils et informations et pour mieux échanger avec eux. Nous sommes persuadés à Agéa, qu'il y a une place pour les agents généraux d'assurance dans un monde plus connecté. Nous devons réfléchir aux attentes et aux besoins de nos clients et leur démontrer que notre métier a une réelle valeur ajoutée. Pour que notre métier conserve son attractivité, nous devons réfléchir aux moyens à mettre en place pour nous approprier les process digitaux, c'est pourquoi nous avons mis en place un groupe de travail sur le « digital & métier » sous la direction de Pascal Chapelon, Président du syndicat Réussir (Syndicat des agents généraux Axa) et composé de représentants de chaque réseau. Ce groupe après avoir observé les expériences conduites par différents réseaux ou par certains agents généraux se veut aussi force de proposition pour développer notre propre code de conduite digitale. Il s'agit pour la Fédération de ne pas se laisser imposer de nouvelles règles ou process par les Compagnies mais bien d'affirmer notre désir de nous approprier le « digital » qui reste pour nous un outil au service de la distribution et non pas un mode de distribution à part entière.

Pour l'agent général d'assurance, le digital semble perçu à la fois comme une opportunité de se concentrer sur son cœur de métier, c'est-à-dire la relation client, mais aussi, comme une accélération technologique et sociale, impliquant une multiplication des tâches à effectuer dans un temps donné contraint. Quelle est votre vision de la place du digital dans le métier d'agent général d'assurance ?

Le digital comme outil de communication va certes nous permettre d'améliorer la relation client mais aussi la relation avec les compagnies. En effet, la simplification des process via le numérique est attendu depuis longtemps, par les agents généraux de tous les réseaux.
En ce qui concerne la relation client, nous sommes persuadés que le digital ne remplacera jamais la relation de confiance, personnelle et réelle, qui existe entre un agent général et son client. C'est pourquoi je préfère parler de « phygital », à savoir l'alliance du digital et de la relation humaine. Nous devons nous approprier ces nouveaux outils pour améliorer la relation avec les clients. C'est pourquoi Agéa propose un nouveau service : agéa.DIGITAL. Ce service permettra aux agents généraux qui le souhaitent d'externaliser leur présence sur les réseaux sociaux (avec la mise à disposition de contenus) tout en gardant la main sur leur stratégie digitale et commerciale.
Du point de vue de la relation avec la compagnie, nous espérons que la digitalisation des process va accélérer la prise de décision mais aussi la réponse aux attentes des clients tout en simplifiant les démarches. Nous avons donc bien pris conscience de cette « révolution numérique » qui pour nous doit être une chance de professionnaliser encore plus nos stratégies de concert avec nos compagnies.

D'ailleurs, Agéa a signé, en début d'année, avec 10 Fédérations d'agents d'assurance de 9 pays d'Europe, une Charte digitale européenne. Cette Charte semble traduire la volonté des agents généraux d'assurance européens d'être les moteurs et les acteurs de cette révolution digitale. Dans ce contexte, quelles ambitions les agents généraux d'assurance doivent-ils avoir ? Et comment concrètement peuvent-ils faire ?

Agéa est depuis longtemps impliqué au sein du Bipar, la représentation européenne des intermédiaires d'assurance, et au-delà des travaux « réglementaires » sur les révisions des directives européennes DDA (Directive Distribution en Assurance) et Solvabilité II, nous travaillons en prospective afin de mieux faire connaître le métier d'agent général et de rappeler à tous, politiques, ou citoyens de l'Union, la valeur ajoutée attachée à ce mode de distribution que certains pays ne connaissent pas. Dans le contexte actuel de transformation de la distribution en assurance (modification de la réglementation mais aussi et surtout « digitalisation des échanges »), il nous a paru indispensable de prendre à travers cette Charte une position commune à toutes les Fédérations d'agents généraux. Nous rappelons ainsi la volonté des agents généraux d'assurance européens d'être les moteurs et les acteurs de cette « révolution digitale ». La Charte repose sur une affirmation forte : les agents généraux d'assurance ne sont pas opposés à la transformation digitale, mais cet outil doit rester au service de la **relation humaine**, entre les agents généraux et leurs clients, mais aussi entre les agents généraux et leur compagnie mandante.

Avec cette Charte, les signataires entendent affirmer également de manière concrète que « le digital » est un moyen de moderniser les agences, d'apporter de nouveaux services aux consommateurs et d'améliorer le conseil que nous devons à nos clients. Nous affirmons également que cette évolution ne doit pas se traduire par des baisses de commissionnement et de revenus pour les agents généraux. Nous sommes prêts à nous approprier et à investir dans ces nouveaux outils. Nous allons donc avec nos confrères européens porter l'esprit de cette Charte lors de toutes les discussions que nous pourrons avoir avec les compagnies d'assurance.

Nicolas Gomart

Directeur Général

Groupe Matmut

Le client devient acteur de la relation client. Un des enjeux majeurs pour les assureurs est de comprendre la façon dont l'assuré veut aujourd'hui dialoguer avec eux. L'assuré ne souhaite plus forcément être contraint par des horaires d'agence, il veut pouvoir être connecté avec l'assureur quand il en a besoin ! Dans ce contexte, les assureurs doivent permettre aux assurés de pouvoir changer de canal à tout moment de leur processus d'achat. La notion d'omnicanal semble donc extrêmement forte. Quel est votre vision actuelle sur ce point ? Et pour demain ?

Les clients et les prospects ont aujourd'hui une double exigence dans leurs interactions avec leur assureur. Mieux informés, connectés aux réseaux sociaux, confortés d'une certaine manière par un environnement réglementaire très protecteur, ils sont demandeurs à la fois d'autonomie et d'une relation de proximité personnalisée et conviviale. Le poids encore minime des souscriptions exécutées totalement en ligne en témoigne.

La révolution numérique que nous vivons est bien entendu un facteur central de l'évolution de ces relations avec celles et ceux qui nous font confiance. Au sein du Groupe Matmut, nous percevons la relation digitale choisie comme un formidable outil d'amélioration de notre service et de notre efficacité opérationnelle et donc de création de valeur partagée.

Dès lors, quelle forme prendra, demain, l'approche omnicanale sur le marché de l'assurance ?

Au fond, la question principale est la suivante : dans quelle mesure les canaux digitaux se substitueront-ils sinon totalement, au moins majoritairement, aux canaux existants dans les interactions entre l'assureur et ses clients ? L'histoire prouve qu'une vision monolithique de la question est probablement vouée à l'échec (rappelons-nous les succès… mitigés de certains opérateurs sans réseau physique).

Dès lors, il conviendra avant tout de bien « répartir » les rôles et missions de chaque canal, tout au long d'un parcours client fluide. A la Matmut, le maillage et la qualité de notre réseau d'agences conseil - plus de 500, partout en France - sont et demeureront une force concurrentielle.

Même si son rôle doit être reprécisé dans ce nouvel environnement, l'agence restera un fort outil de différenciation où le sociétaire trouvera expertise technique, valeur ajoutée relationnelle, rassurance, dans toutes les situations et étapes de vies. Ainsi, quoique certaines décisions de réduction drastique du nombre d'agences observées chez certains acteurs bancaires puissent laisser penser, nous sommes pour notre part convaincus de la valeur de l'actif que constitue un réseau d'agences comme celui de la Matmut.

On parle actuellement beaucoup de « phygital » pour tenter de dessiner les nouveaux contours de la relation client. Il me semble clair qu'à l'avenir, la capacité à proposer un parcours omnicanal confortable, autour d'une agence conseil réinventée, sera déterminante. Cela passe bien entendu par un système d'information unifié optimisant les interactions entre les différents points de contact client. Cela passe également par l'évolution des tâches et la montée en compétence des collaborateurs opérant dans les réseaux physiques. J'ajoute que le Digital doit également permettre d'améliorer notre connaissance de nos assurés et prospects et in fine de leur fournir des produits et services toujours mieux adaptés au bon moment et par le canal qu'ils privilégient.

La qualité de la relation client des assureurs évolue. Ces changements sont dus notamment aux innovations technologiques. Quelles sont selon vous les innovations technologiques qui vont concrètement faire évoluer significativement la qualité de la relation client ? Avez-vous dans ce contexte des projets à court-terme ?

Le Digital et les innovations qu'il porte sont aujourd'hui indéniablement un élément clef de la qualité de la relation client, en assurance comme dans tous les secteurs d'activité.
Les progrès technologiques et l'adaptation de notre industrie aux évolutions induites par les nouveaux usages ne sont toutefois pas quelque chose de nouveau. On ne peut nier, cependant, qu'ils se sont accélérés ces dernières années.
En la matière le Groupe Matmut est comme toujours très pragmatique. Hors de question de nous lancer dans des innovations technologiques qui ne seraient, d'une part pas réellement utiles et bénéfiques à nos sociétaires, et d'autre parts pas entièrement fiables. Bref pas d'applications gadget, un seul mot d'ordre : la pertinence au service du sociétaire. Cette approche est par ailleurs un gage d'efficacité opérationnelle quand 90% des applications téléchargées sont supprimées dans les 90 jours !
Ainsi, lorsque nous déployons notre application d'assistance sur l'Apple Watch, nous faisons preuve d'innovation, certes, mais c'est au final pour rendre un meilleur service : simplicité et rapidité d'utilisation et donc aide et secours plus rapidement déclenchés lorsque le sinistre survient.
Lorsque nous lançons l'assistance géolocalisée Matmut sur autoroutes, un service inédit, c'est parce que cela permet à l'automobiliste Matmut d'être dépanné plus rapidement. Un gain de 13 minutes, en moyenne, par rapport à une intervention classique. Fondamental quand la durée de vie moyenne d'un piéton sur autoroutes est de 20 minutes seulement !

De même, l'application « Ma Matmut » vise à simplifier l'assurance au quotidien. Accès à distance à ses contrats, consultation de ses remboursements santé, déclaration et suivi des sinistres... avec « Ma Matmut », les sociétaires Matmut ont l'assurance à portée de pouce.
Ainsi, nos travaux et réflexions en cours, ambitionnent de concilier l'ADN du Groupe Matmut, qui cherche depuis toujours à proposer des produits et services utiles et protecteurs, au meilleur rapport qualité / prix, avec les opportunités que nous offrent les innovations technologiques.
Enfin, les objets connectés viennent forcément à l'esprit lorsqu'on évoque la transformation numérique. Le domicile et la domotique en sont un excellent exemple. Des services connectés sont en effet porteurs de sécurité, de confort, d'économies... C'est tout le sens de l'offre Maison connectée du Groupe Matmut : caméra connectée pilotable à distance par l'assuré, détecteurs incendie, inondation, monoxyde de carbone, matériel pilotable à distance pour faire des économies d'énergie et gagner en confort... Tous ces services, nous les proposons déjà et nous allons continuer à les étoffer sous condition d'utilité et de simplicité utilisation.
Les objets connectés sont également de merveilleux outils pour développer la prévention, sujet sur lequel la Matmut est depuis toujours en pointe.
En termes de mise en œuvre, toutes les possibilités sont explorées : développement interne bien-sûr mais aussi partenariats avec des startups, organisation d'un hackathon.... En la matière, ne nous interdisons rien.
Au global, aujourd'hui, notre rôle ne consiste plus simplement à indemniser et assister. Désormais nous pensons que nous devons devenir des partenaires de vies et qu'en la matière les innovations portées par le digital offrent de multiples perspectives.

Les données massives (big data) générées par les outils connectés (objets, boitiers, smartphones,...) semblent représenter pour certains assureurs, un gisement inégalé de connaissance. Quelles visions avez-vous de l'utilité et de l'impact de l'analyse de ces données pour les assureurs ? Par ailleurs, les données intelligentes (smart data) participeront-elles à transformer le métier de l'assureur ?

Le BIG DATA fait couler beaucoup d'encre. Sur ce sujet, il convient à la fois de se mettre en ordre de marche, mais aussi d'aborder avec beaucoup de lucidité les impacts qui découleront des promesses actuelles. Je tiens tout d'abord à rappeler que les assureurs ont toujours détenu et manipulé beaucoup de données, notamment pour étudier le risque et le tarifer au plus juste. Ce qui change en ce moment, ce sont

le volume, la variété et la vitesse de disponibilité des informations.
Premier point, en ce qui concerne le traitement de ces DATA : quelle approche adopter ? A la Matmut, nous sommes pour l'instant dans une logique consistant à nous tourner vers des expertises externes, startups notamment. Là encore, le pragmatisme nous guide. Sur ce sujet de long terme, incontournable, qu'il faut bien entendu considérer et étudier, les impacts précis pour notre industrie sont encore incertains. A ce titre, la logique d'ouverture et d'apprentissage progressif est donc vertueuse car elle permet également de former et de faire monter en compétence nos collaborateurs.
Quant à l'impact de ces données intelligentes sur notre métier, le plus évident est indéniablement relatif à la prévention des risques. C'est vrai pour l'assurance des biens, avec la voiture ou l'habitation connectées mais aussi dans le domaine de la santé. En utilisant des objets connectés, l'assuré est amené à avoir un comportement encore plus responsable, tandis que l'assureur peut exploiter les données extraites pour améliorer son action dans la prévention des risques. On voit clairement se dessiner ici un cercle vertueux. Mais je ne parlerais donc pas forcément de « transformation » de notre métier, mais plus exactement de nouvelles perspectives offertes pour exercer avec encore plus d'efficacité nos différentes missions.
Le BIG DATA est par ailleurs clairement un levier de personnalisation de la relation client, à un moment autre que lors de la survenance d'un sinistre. Elle permet de mieux cibler les besoins, d'innover dans l'adaptation de nos offres et services. Là encore, nous sommes dans le prolongement de notre tradition mutualiste, qui consiste avant tout à répondre aux besoins de nos sociétaires et à être en mesure de nous adapter à leur évolution.
Quant à une éventuelle transformation, au sens large, du métier d'assureur, il est important de rappeler que dans nos activités, le principe de mutualisation est fondamental. L'utilisation et l'analyse de ces données ne doivent pas contribuer à déstabiliser le marché et à amplifier le risque de non-assurance, du fait d'une segmentation extrême qui exclurait certains profils.
Les réserves de nos compatriotes sur l'utilisation abusive des données personnelles les concernant sont un autre écueil potentiel et légitime.
Enfin, s'il y a un domaine où le diable peut se nicher dans les détails, c'est bien celui de l'exploitation statistique de données. Les enjeux de sélection et qualité des données, de robustesse et stabilité des modèles utilisés, d'intelligibilité ex post des résultats de ces modèles... sont loin d'être négligeables. Leur bonne prise en compte est déterminante dans le succès des actions menées et la rentabilisation d'investissements coûteux en outils et matière grise. L'investissement en capital dans des entreprises spécialisées peut être un moyen de concilier les exigences de rigueur

méthodologique et d'appropriation par l'assureur de modèles ou technologies potentiellement synonymes d'avantages stratégiques majeurs.

On le voit, il y a donc une réflexion et une lucidité à avoir sur le sujet du BIG DATA, tout en restant fidèle à ce qui nous caractérise et à ce qu'attendent nos sociétaires.

Laurent Ouazana

Président

CIPRES ASSURANCES et PLANETE COURTIER

Le digital transforme tout : métiers, processus, modèles économiques... Pour l'assurance comme dans les autres industries, cette affirmation ne se discute plus. Mais comment les intermédiaires d'assurance (agent général, agent indépendant, courtier,...) vivent ils cette « transformation digitale », à l'heure où beaucoup opposent digital et distribution physique, voire prédisent que l'intermédiaire est amené à disparaître dans ce monde numérique ? Pour vous, les courtiers d'assurance de proximité ont-ils perçu l'importance du digital dans l'évolution de leur métier ?

Les courtiers d'assurance de proximité comme tous les acteurs de l'assurance ont perçu l'importance du digital dans l'évolution du métier. La différence réside dans la capacité de chacun de s'adapter plus ou moins rapidement à ces nouvelles technologies voire de les embarquer dans ses propres process. Cette révolution, déjà largement entamée, résidera dans la transformation des systèmes d'information des opérateurs d'assurances.

Les périmètres d'intervention seront modifiés et chacun reconsidèrera les missions qui lui étaient dévolues auparavant :

• Le client assuré gèrera ses données lui-même en mettant à jour son profil d'assuré, il disposera de toutes les informations et de la copie de chaque pièce en temps réel, une application mobile lui permettra de prendre en photo un document qui ira immédiatement s'intégrer au sein du système d'information du gestionnaire sans aucun recours à une messagerie,

• L'intermédiaire aura accès aux applicatifs lui permettant d'effectuer si besoin et en temps réel des actes de gestion (une carte verte automobile mais c'est déjà le cas, un contrat santé complémentaire collectif même complexe, un avenant de changement de garantie, une carte de tiers payant pour un salarié, toutes les attestations et documents imaginables ...),

• Le gestionnaire* qui offre déjà un accès extranet aux intermédiaires et aux assurés, donnera un accès à ses assureurs porteurs de risque pour que ceux-ci puissent mesurer en temps réel leur exposition aux risques à partir de leur bureau, de la même manière que s'ils géraient eux-mêmes,

• Sur une plateforme de commerce commune où des offres commerciales ciblées (risques simples mais aussi complexes) seront « poussées » vers les espaces des assurés finaux, accompagnées de la pédagogie et du décryptage nécessaire, et de processus d'adhésion incroyablement simplifiés, les assurés finaux pourront acheter et être couverts en 3 minutes s'ils le souhaitent.

**L'avenir nous dira si un organisme porteur de risque peut en même temps le gérer sans être en potentiel conflit d'intérêt, actuel débat outre-Atlantique.*

Les assurés sont déjà très avertis grâce à l'influence grandissante des réseaux sociaux, les outils de demain consacreront ce phénomène en les rendant davantage acteurs des différentes transactions et de leur gestion.
Contracter simplement une offre d'assurance, la piloter et la gérer dans de parfaites conditions d'informations, d'ergonomie et de rapidité, c'est finalement installer une dimension que personne ne voyait dans l'assurance : le plaisir, une belle innovation, en ligne avec les évolutions d'autres secteurs.

Quelle est la place du digital dans le métier d'intermédiaire d'assurance ?

Au-delà des nouveaux services, du customer self-care qui envahira les relations assureur-intermédiaire-assuré et qui sera vertueux économiquement pour toute la chaine, l'innovation nouvelle attendue réside dans l'exploitation intelligente des données, à laquelle les intermédiaires seront aussi acteurs. Intelligente car pour notre secteur de l'Assurance, le débat « prédiction Vs prévention » doit être posé sereinement pour rassurer ceux qui ont des doutes. L'accumulation en cours de données par tous les opérateurs, anciens comme nouveaux, aboutira inévitablement à un recentrage de l'assurance sur le gros risque, en d'autres termes ce que les actuaires intègrent comme la combinaison de la faible fréquence avec un coût moyen très important.
Le mot « démutualisation » fait peur aux assureurs et ce n'est pas anormal, mais rappelons-nous que nous avons déjà vécu ce principe et personne ne s'en est plaint, car cette démutualisation doit toujours être opérée pour être vertueuse donc pour le bien des plus faibles. Un peu d'histoire et 3 exemples :

- Pour s'assurer en assurance automobile obligatoire il y a 30 ans, un malussé devait prendre contact avec le BTRA (Bureau de Tarification des Risques Aggravés) qui le dirigeait vers un assureur, lequel acceptait de contracter « à reculons » moyennant un tarif indécent. Jusqu'au jour où un opérateur (un courtier grossiste) a eu l'idée de n'assurer que des malussés, partant du principe qu'au sein d'un groupe de « mauvais risques » il y a toujours du moins mauvais voire du bon. Si le volume est important, on démutualise pour segmenter et remutualiser chaque segment,
- Autre exemple plus récent avec les assurés malades qui n'arrivaient pas à souscrire une assurance emprunteur compte tenu de leur déclaration de santé, et malgré les Conventions en vigueur pour les protéger, jusqu'au jour où un autre opérateur (encore un courtier grossiste je crois) s'est spécialisé sur cette « cible » car toute population est mutualisable,
- Enfin sur le même principe, la société CIPRÉS ASSURANCE a permis en 2001 à chaque dirigeant de TPE, qu'il soit salarié ou non salarié, de bénéficier d'un haut

niveau de couverture prévoyance complémentaire en validant une simple déclaration de santé (processus alors réservé aux effectifs d'entreprises), mais en interdisant à chaque assuré de choisir ses garanties (le principe industriel de la FORD T). Le même programme pour tous sans changer une virgule (prenant le contrepied de la mode des choix de formules, options et autres cafétéria plans), évita une anti sélection et permis de considérer une somme d'individus assurés chaque jour comme un ensemble collectif, et donc de rompre avec les processus de sélection de risques passés.

Ces ruptures (pour ces 3 exemples, les durées de process d'adhésion ne dépassent pas désormais 5 minutes quand elles se comptaient en jours ou semaines auparavant) montrent si besoin était que la démutualisation n'est pas à craindre si elle permet de mieux appréhender une catégorie de risques par la segmentation et l'analyse de données propres à cette catégorie. L'innovation technique s'ajoute alors aux autres innovations possibles pour tendre vers une disruption actuarielle de l'assurance par l'exploitation intelligente des datas ces prochaines années. C'est la valeur ajoutée « sociétale » de l'assurance.

Si l'assurance des risques simples deviendra probablement connexe et accessoire à un achat de services ou de biens, l'assurance des risques complexes (le patrimoine des particuliers, les risques des professionnels et des entreprises), à engagement lourd, restera un acte principal, complexe donc intermédié.

Pour ce qui est des courtiers d'assurance, le développement du digital doit-il également modifier significativement la collaboration avec les Assureurs ? Par ailleurs, le « triptyque » Assureur/Courtier/Assuré est-il digitalement compatible ? Si oui, comment ?

La terminologie « *digital* » a très souvent été associée à « *uberisation* » ou encore « *désintermédiation* ». C'est bien entendu ce dernier mot qui peut susciter inquiétude de la part des réseaux de proximité, qu'il s'agisse d'ailleurs de courtiers ou d'agents généraux d'assurance.

Sur près de 200.000 salariés et 15.000 non-salariés que compte le secteur de l'assurance en France, on compte près de 50.000 commerciaux « debout » (réseaux salariés, agents généraux, courtiers), c'est dire que les réflexions sur l'avenir de la distribution raisonne fort chez les assureurs.

L'Assurance est un secteur économique français essentiel (chaque année c'est près de 2/3 du budget de la France qui est collecté en cotisations). Le maillage de son intermédiation est une force et une chance, j'ai toujours insisté sur ce point.

Si un focus était réalisé sur la protection sociale complémentaire, les observateurs le notent après 6 mois de pédagogie auprès des TPE essentiellement ; sans l'intermédiation de proximité, d'une part le nouveau cahier des charges des contrats Santé responsables serait resté incompris des assurés, et d'autre part la généralisation de la santé complémentaire sur cette cible aurait été un fiasco. Les intermédiaires de proximité français assurent le service après-vente des textes réglementaires auprès des particuliers, des professionnels et des TPE, il faut désormais l'intégrer.

La digitalisation n'est qu'un moyen d'être plus performant. Elle permet l'innovation produit, l'innovation service, et demain l'innovation « compliance » et, si besoin est, elle se réconciliera avec l'intermédiation au cas où certains auraient eu intérêt à les opposer.

Emmanuel Poyatos

Directeur Général

Groupe Assu 2000

Le développement du digital met à disposition des intermédiaires d'assurance un certain nombre d'outils pour les accompagner dans leur stratégie commerciale (site Internet, SMS, e-mail, applications, réseaux sociaux…). Pensez-vous que pour l'intermédiaire d'assurance de demain cela serait un risque de ne pas utiliser les outils digitaux dans leur relation avec leurs clients et prospects. Pourquoi ?

Il me paraît déjà inconcevable de ne pas exploiter le potentiel de ces outils dès aujourd'hui ! Nous devons être partout où les clients et les prospects souhaitent nous trouver. Il appartient aux acteurs du secteur de s'adapter à tous ces canaux pour offrir un service à la hauteur des attentes légitimes des assurés.
Nous remarquons notamment que même celles et ceux qui privilégient toujours les agences physiques, parce qu'elles les rassurent, se renseignent préalablement sur le web avant de se déplacer. C'est devenu un véritable réflexe puisque sept prospects sur dix qui se rendent en agence procèdent ainsi. Cela montre bien la complémentarité de ces canaux de distribution et la nécessité pour les courtiers de n'en négliger aucun. Il faut soigner son offre, son service et sa réputation y compris sur des territoires moins orientés business tels que les réseaux sociaux.
Ce que nous constatons également dans notre pratique quotidienne, c'est par exemple le bond spectaculaire des consultations de nos sites depuis un smartphone puisqu'elles ont progressées de 10% en seulement un an. Ce qui est une tendance forte aujourd'hui va devenir la règle avec l'arrivée des générations « digital native » sur le marché. Les usages évoluent continuellement, on peut même envisager qu'à terme les sites internet marquent le pas par rapport à une forme de communication via des canaux plus directs et personnalisés tels que les sms, la notification ou encore les outils de messagerie instantanée. Nous sommes résolument à l'ère de la mobilité et de l'instantanéité, cette communication en flux tendus bouleverse nos pratiques en profondeur avec une plus grande autonomie des assurés.

Pour les courtiers, pensez-vous que l'accompagnement de leur réseau pour les former sur les différents outils digitaux sera indispensable dans l'avenir ? Ou est-ce aux agents du réseau de mettre en place eux-mêmes leurs propres outils digitaux ? Qu'en pensez-vous ?

Je pense que la formation est évidemment un volet essentiel dans l'utilisation de ces nouveaux outils mais cela va bien au-delà : c'est une véritable culture d'entreprise qu'il faut acquérir et entretenir quotidiennement. Chaque collaborateur doit contribuer à cette mutation non pas en créant ses propres outils mais en accueil-

lant favorablement le changement. Face à des évolutions parfois très rapides, il faut impérativement rester à l'écoute et adapter ses méthodes de travail.
Ça n'est pas forcément évident puisque cela suppose souvent de remettre en cause ce que l'on croyait acquis. C'est là que la formation intervient puisqu'elle joue un rôle central d'accompagnement et d'encadrement de ces nouvelles pratiques liées au digital, en rappelant constamment quels sont les enjeux finaux pour que le changement soit compris et accepté de tous.

La déferlante technologique va-t-elle modifier la distribution des produits d'assurance ? Par exemple, « full web » sur certains produits d'assurance relativement « banalisés », ou bien spécialisation par type de cibles, de risques... ?

Avec la révolution digitale, nous avons affaire à des prospects plus avertis. Cette maturité des assurés impacte naturellement la distribution des produits d'assurance. Outre la complémentarité des canaux, la leçon que nous tirons au sein du Groupe ASSU 2000 c'est que l'accessibilité de l'offre est désormais devenue la règle. Une offre accessible, c'est une offre simplifiée, lisible et rapidement disponible notamment grâce à des formulaires de tarification optimisés.
Le numérique, c'est aussi une connaissance affinée du client grâce aux nombreuses données recueillies qui doivent nous permettre d'adapter notre offre à ses véritables attentes. À terme, se pose l'inévitable question du délicat équilibre entre la mutualisation des risques et la segmentation de l'offre. Mon sentiment est que l'individualisation du contrat d'assurance passera avant tout par un service plus personnalisé. Les assurés comme l'ensemble des acteurs du secteur ont tout à y gagner.

Jean-François Ropelewski

Directeur Marketing

AG2R La Mondiale

En quoi le numérique a-t-il changé le comportement des clients ?

La révolution numérique a vu l'innovation technologique donner naissance à de nouveaux enjeux notamment pour répondre à l'exigence d'immédiateté de la part des consommateurs. Le monde de l'assurance ne fait pas exception : la montée en puissance des nouveaux médias numériques et applications mobiles ainsi que le pouvoir grandissant du consommateur-internaute commencent à modifier, et modifieront vraisemblablement encore plus dans l'avenir, le rapport des consommateurs à l'assurance en général et à la distribution d'assurance en particulier. Il semble loin le temps où le consommateur en quête d'une assurance faisait le tour des agences pour faire établir des devis avant de faire son choix. Aujourd'hui, ordinateurs, smartphones et tablettes garantissent un accès illimité et gratuit à l'information n'importe quand et n'importe où. Les consommateurs sont ainsi en mesure de s'informer de manière très précise et exhaustive sans avoir à faire appel à un professionnel du secteur.

Dès 2008, AG2R LA MONDIALE a su prendre le virage du numérique et a opté pour un positionnement unique et fort autour d'un modèle de distribution multicanal optimisé. Le groupe fut l'un des premiers sur le marché à permettre d'adhérer à sa complémentaire santé de manière totalement dématérialisée : aujourd'hui 30% des nouveaux contrats de complémentaire santé sont souscrits en vente à distance. La moitié de ces ventes correspond à des achats full web, tandis que l'autre moitié débute sur internet et se conclut ou au téléphone.

Internet, plateformes téléphoniques et agences physiques font aujourd'hui partie d'un modèle complet où les canaux se complètent selon l'acte et le profil du client. Les 20-40 ans réalisent majoritairement leur processus d'achat sur internet, tandis que les 40- 60 établissent un devis sur internet avant de valider leur achat par téléphone, soucieux d'un contact humain. Enfin, les plus de 60 ans réalisent leur devis sur internet mais souscrivent majoritairement en agence. Ce retour d'expérience de presque dix ans sur la vente de complémentaire santé dans un modèle multicanal intégré confirme la nécessité de canaux efficaces et complémentaires. Le consommateur entend profiter au maximum de chaque biais d'interaction qui l'intéresse à un moment précis, et veut passer à un autre, sans couture. Il adopte souvent une démarche hybride utilisant les canaux de distribution de manière complémentaire dans un parcours client fluide.

Que pouvez-vous nous dire sur la vente en ligne sur le marché des TPE ? L'ANI a-t-elle eu des conséquences sur ce marché ?

La généralisation de la complémentaire santé des salariés prévue par la loi ANI a poussé les assureurs à développer leur offre santé sur le marché des TPE. Fort de son expérience de vente en ligne auprès des particuliers, AG2R LA MONDIALE fut le premier à l'automne 2015 à proposer sur son site e-commerce la souscription 100% en ligne de son offre de complémentaire santé collective ANI simplifiée à destination des entreprises de moins de 20 salariés.

Face à ce sujet complexe et nouveau pour les chefs d'entreprise, AG2R LA MONDIALE a misé sur le canal internet pour simplifier la vie du dirigeant et l'aider à choisir la formule idéale pour son entreprise grâce à de nombreux outils en ligne : un simulateur de remboursement, un simulateur de gain fiscal, un comparateur de garanties ou encore un questionnaire profilé permettant de faire ressortir la formule la plus adaptée aux besoins exprimés.

Si beaucoup d'observateurs étaient sceptiques quant à la souscription en ligne par les chefs de TPE de complémentaires santé en raison de la nouveauté du dispositif et de son vocabulaire complexe, AG2R LA MONDIALE a fait le choix d'un processus 100% dématérialisé, de la vente jusqu'au paiement des prestations en passant par l'adhésion, la signature électronique, la remise des pièces contractuelles et de la carte de tiers-payant, l'affiliation et la radiation des ayant-droits. De nombreux services digitaux ont été mis à la disposition des entreprises et des salariés tels que les espaces clients personnalisés et les applications mobiles pour gérer son contact au quotidien, consulter ses remboursements ou obtenir des informations pratiques.

Quelles sont les recettes du succès de la vente sur internet ?

La réussite de la vente de complémentaire santé en ligne s'explique par des démarches rapides et simples : un devis en un clic et une souscription 100% en ligne en quelques secondes. La complémentarité des canaux et la mise à disposition d'une plateforme téléphonique dédiée pour conseiller et accompagner les clients jouent également un rôle primordial.

De façon plus générale, la simplicité du site et la rapidité des démarches sont incontournables dans le développement de la vente en ligne. L'évolution des sites des grands groupes d'assurance de portails institutionnels vers des sites à dimension commerciale doit répondre aux attentes d'instantanéité des consommateurs. Dans cette logique, un processus simple de signature électronique s'appuyant sur un tiers qui garantit les échanges est un facteur clé de succès.

Autre élément indispensable pour pousser un consommateur à acheter en ligne : la confiance. AG2R LA MONDIALE s'appuie sur une marque connue à forte notoriété disposant d'un réseau physique et de produits réputés et bénéficie ainsi de la confiance des consommateurs.

ZOOM :

l'implication des consommateurs

Patrick Raffort

Président

Fédération des Garanties et Assurances Affinitaires

Les assurances affinitaires représentent un marché important en France. Le capital d'attractivité des assurances affinitaires est assez important. 80% des Français ont déjà acheté des produits affinitaires, même si un Français sur deux ne sait pas véritablement de quoi il s'agit. Cependant, il existe un déficit sur l'image de marque, car 70% des Français en ont une vision négative. Quelles sont les raisons qui peuvent expliquer cette situation ?

Tant en France qu'en Europe l'affinitaire dispose d'un capital d'attractivité très important avec un taux d'appétence supérieur à 80% (cf. étude CSA et Harris), ce que beaucoup de secteurs d'activité nous envieraient. Les raisons d'un tel taux d'attractivité reposent sur le fait que les consommateurs identifient relativement bien les risques liés aux activités et aux biens de la vie courante. Les différentes études menées par la FG2A laissent clairement apparaître que les consommateurs souhaitent disposer de mécanismes leur permettant d'avoir l'esprit libre lors de la prise en charge et face aux problèmes rencontrés, et cela, tant sur le volet administratif (gestion de bout en bout du dossier) que sur le volet financier (lisage d'un risque financier sur une période donnée). A cela s'ajoute la notion de prévisibilité et d'immédiateté : le consommateur souhaite une prise en charge rapide voir très rapide de son problème ou, pour le moins, avoir la certitude que son dossier sera pris en charge et la date à laquelle il sera clôturé.
La réponse à la question relative à l'image négative des consommateurs trouve sa source dans la non-prise en compte des éléments évoqués précédemment ; trop souvent les propositions faites par les professionnels n'intègrent pas les principales demandes des consommateurs, **à savoir** :
- Comprendre l'étendue des garanties,
- Connaître la procédure en cas de sinistre,
- Avoir de la prévisibilité sur le prix et la nature des prestations qui seront réalisées.

Une grande partie de la problématique repose donc sur la relation de confiance qu'il est indispensable d'établir entre le consommateur et le distributeur (qui est le plus souvent un non professionnel de l'assurance).
La FG2A a dès sa création priorisé cette dimension, considérant que le développement de la filière ne pourrait se faire que sur la base d'une réelle relation de confiance entre le consommateur et le distributeur et, plus largement, avec l'ensemble des intervenants participant à la proposition faite au client. C'est pour cela que la Fédération souhaite que les produits fassent l'objet d'une labellisation : afin de permettre un suivi efficace des promesses faites à l'occasion de la vente d'un contrat d'assurance ou d'une garantie non assurée.

La labellisation d'un produit est la certitude d'obtenir un contrat qui aura fait l'objet d'une analyse en profondeur des garanties et des exclusions proposées, une vérification des modalités de prise en charge du dossier, la vérification des méthodes de ventes et le contrôle de la satisfaction des clients lors de toutes les étapes importantes du produit ; l'ensemble du dispositif étant contrôlé régulièrement par un tiers de confiance.

L'assuré d'aujourd'hui souhaite être en contact avec son assureur par n'importe quel canal. Il ne veut pas être contraint par des horaires et des jours d'ouverture, il souhaite accéder à son compte et aux services et produits à n'importe quelle heure et n'importe quel jour. Enfin, l'assuré est maintenant « n'importe où », mobile grâce à son téléphone. Mais l'assuré souhaite aussi être acteur de la co-construction des offres et des services d'assurance. Pouvez-vous nous faire part, sur cette volonté exprimée de co-construction, de votre avis et de votre vision ?

L'assurance affinitaire est sans aucun doute l'un des segments d'activité le plus en lien avec la réalité quotidienne des consommateurs, les évolutions technologiques et surtout l'évolution des usages.
Les produits affinitaires doivent en permanence s'adapter aux évolutions des nouveaux produits à assurer (sorti d'un nouveau smartphone, d'une nouvelle tablette, d'un nouvel équipement de la maison, d'un nouveau produit connecté, d'un nouveau loisir,...) mais il faut également évoluer avec les changements d'usages et comportementaux qui sont parfois exogènes à l'environnement du produit d'assurance proposé (à titre d'exemple le développement de l'économie collaborative).
La meilleure façon d'interagir avec le consommateur est de l'intégrer dans le processus de construction du produit d'assurance. Toutes les initiatives réelles de co-construction réalisées dans différents domaines (conception de produits, aménagement des points de ventes, digitalisation des parcours clients, recherche et développement,...) ont permis d'atteindre plusieurs objectifs :

- L'adaptabilité des produits aux évolutions très rapides des habitudes de consommation,
- L'adéquation des produits aux souhaits des consommateurs (plutôt que d'envisager ce que les consommateurs souhaitent, interrogeons-les sur ce qu'ils veulent et rapprochons-nous le plus possible de leurs souhaits),
- Passer d'un consommateur passif et souvent critique à un consommateur actif et promoteur du produit et de la marque,
- Augmenter les ventes,

• Décharger les plateformes téléphoniques « après-vente » grâce à l'échange direct entre clients (chat, blogs, FAQ, réseaux sociaux…).

Permettons aux clients de s'approprier le produit et, en ce qui nous concerne, de s'approprier le produit affinitaire. Car en devenant le co-constructeur du produit il en deviendra son prescripteur. Le tout relayé par les réseaux sociaux les effets positifs en seront décuplés. Avec un point de vigilance absolu : la démarche doit être honnête et sincère, car attention à l'effet boomerang en cas d'approche uniquement marketing.

Les études réalisées par la FG2A démontrent que la relation de vente en face à face demeure la solution la plus plébiscitée actuellement en Europe (54%). Un vendeur formé et un dispositif d'information adapté (éléments d'informations sur les taux de satisfaction sur l'ensemble du processus), relayés si possible par les réseaux sociaux grâce à la création d'une communauté, seront des éléments qui participeront à l'augmentation du taux de placement des offres. Une démarche de ce type permettra d'agir sur le NPS (net promoter score) de l'activité ; et chaque point de NPS gagné représente un actif essentiel pour les entreprises.

Beaucoup d'individus se déclarent intéressés par une assurance à la carte, vouloir intégrer des cercles de confiance, participer à la création, à travers des avis et des retours via Internet ou des sondages, et ainsi être la clé de voute d'une approche plus collaborative de l'assurance. Partagez-vous ce point de vue et plus généralement, quelles mutations significatives, voyez-vous, du processus de création et de distribution du produit d'assurance de demain ?

La dernière étude commandée par la FG2A à Harris sur 5 pays européens met en évidence l'intérêt et la volonté des consommateurs d'être consultés, voire même d'être associés aux démarches d'évaluation des produits d'assurance et, d'une façon plus large, à la conception de ceux-ci.
Les Européens déclarent à 77% être intéressés par des assurances à la carte en fonction de leurs besoins. Ils sont également disposés à étudier des dispositifs susceptibles de réduire le coût des assurances : par exemple en utilisant des pièces d'occasion ou encore en étant intégrés dans des réseaux de consommateurs leur permettant de se dépanner entre eux.
Les consommateurs souhaitent être plus impliqués ; une majorité d'entre eux déclarent souhaiter participer à des processus de labellisation (56%), participer à la conception des produits d'assurance via le web (51%) ou via des sondages et enquêtes (31%).

L'étude FG2A/Harris révèle également que les consommateurs souhaitent que leurs cercles de confiance jouent un rôle plus important en matière de communication et d'information : 1 consommateur sur 2 souhaite que les proches donnent leurs avis sur les garanties et assurances affinitaires et, dans la même proportion, ils aimeraient également être plus souvent consultés.

Nous sommes sans doute aujourd'hui à un tournant dans l'intégration des consommateurs dans les dispositifs de conception et d'évaluation des produits d'assurance affinitaire, car la démonstration est faite qu'ils sont prêts et disposés à jouer un rôle de plus en plus important sur l'ensemble des champs d'intervention. Aujourd'hui les réseaux sociaux sont peu présents sur les points mentionnés ci-dessus, mais il est fort probable que dans un délai assez court, ils s'emparent de cette opportunité qui pourrait même impacter certains acteurs du web dont l'activité consiste à comparer voire à analyser. Il nous faut accompagner cet élan participatif qui représente une opportunité.

V - FOCUS :

la prévention et l'assurance complémentaire santé

Repères

- 33 milliards d'Euros c'est en France la collecte les organismes de complémentaire santé au titre de leur activité [1]

- Les mutuelles représentent 54% du marché de la complémentaire santé [1]

- Les contrats collectifs représentent 44% des cotisations de complémentaire santé [1]

- 94% des Français sont sous contrat avec une des 600 complémentaires santé en France [2]

- 2,4 milliards c'est le montant estimé du marché de la e-santé en France [3]

- 77% des Français pensent que la e-santé sera plus efficace pour suivre des indicateurs biologiques de santé tels que le poids, la tension, ... [3]

- 76% des Français seraient prêts à communiquer par SMS/courriel avec leurs praticiens pour des questions qui ne nécessitent pas de consultation [3]

- 8% des médecins recommandent des applications santé à leurs patients [3]

- 53,3 Euros c'est ce que dépense un Français en moyenne en médecine préventive par an [4]

1) Rapport de la Dress, 2015
2) France-Info, mars 2016
3) Etude du cabinet Precepta, 2014
4) IRDES, 2014

& verbatims

« Il doit y avoir un retour d'informations permanent entre l'assureur et le client et une gestion de l'événement assurantiel sur mobile. Mais l'information est destinée à aller au-delà, avec des applications de prévention, le suivi des données des objets connectés, des conseils de coaching… Elle doit être personnalisée, adaptée et souvent rafraîchie. C'est ce qui permettra de créer un lien de proximité et une utilité au quotidien et donc d'éviter l'abandon de l'application. » explique **Isabelle Hébert**, Directrice Groupe adjointe Assurance de la MGEN en avril dernier dans le **Journal du Net**.

« Les objets connectés auront surtout un vrai impact en matière de risques d'entreprise. Ils permettront une amélioration en matière de prévention ou de maintenance. Dans tous les cas, toute la valeur d'un objet connecté réside dans la solution qu'il contribue à apporter. » déclare **Jacques Richier**, Président Directeur Général d'Allianz en novembre dernier dans **les Echos**.

« Dans le cadre programme Generali « Vitality », l'assuré peut, s'il le souhaite, être récompensé pour ses efforts en matière d'alimentation, de tabac, d'activité physique… . Nous voulions être innovants dans le domaine de la prévention en lien avec les entreprises et on a travaillé, pour cela, avec la compagnie sud-africaine Discovery. Notre but est d'augmenter le taux d'engagement des salariés dans leur propre prévention, afin d'améliorer leur état de santé. » évoque **Yanick Philippon**, Membre du comité exécutif de Generali France, en charge des assurances collectives dans **OUEST FRANCE** le 8 septembre dernier.

« Les nouveaux jeunes seniors ont de fortes attentes en matière de dépendance et de services liés à la prévention santé. Il était donc nécessaire d'offrir une large gamme de services accompagnant les garanties. Il fallait également nouer une relation forte et régulière avec nos adhérents pour les informer dans tous les moments clés de leur parcours. » affirme **Sophie Chastain-Lopez**, Directrice Marketing Eovi Mcd Mutuelle à **Boursorama** le 26 septembre dernier.

« Aujourd'hui, les parcours professionnels sont de moins en moins linéaires : il est courant d'être salarié un jour, puis indépendant ou chômeur le lendemain. Or, notre protection sociale est entièrement organisée autour du statut de la personne : sa complémentaire santé n'est pas la même s'il est salarié, fonctionnaire, retraité, chômeur… Cette organisation montre ses limites, elle est à l'origine de ruptures de la protection des assurés et elle se fait au détriment de la solidarité intergénérationnelle. » estime **Thierry Beaudet**, Président de la Mutualité Française **aux Journées de rentrée de la Mutualité Française**.

Sadik Filipovic

Associé

Alliancy

Que faut-il faire pour devenir l'assureur santé de demain ? Quels sont les facteurs qui font évoluer le marché de l'assurance santé aujourd'hui ?

Les facteurs d'évolution sont nombreux. Nous pouvons bien évidement citer le facteur réglementaire avec la mise en place des contrats collectifs dans le cadre de la reforme ANI mais 3 autres facteurs me semblent encore plus importants :

1. La modification profonde de la relation assureur – assuré grâce aux réseaux sociaux. L'assuré peut réclamer, partager ou recommander un assureur. Dans un domaine aussi sensible que la santé, un assureur qui ferait l'impasse sur une présence très active sur les réseaux sociaux risque de se retrouver très marginalisé aux profits des acteurs capables de porter la relation client à leur place, l'assureur restant cantonné au portage du risque technique.

2. L'avènement des objets connectés. Bien sûr, il y a l'inévitable effet de mode, mais force est de reconnaître que la déferlante des objets connectés avance désormais cinq fois plus vite que la vague des smartphones, avec des coûts de production et des tarifs sans cesse plus dégressifs. Les investissements sont massifs et les infrastructures cloud prêtes à héberger des applications business dont certaines ont déjà démontré une réelle valeur ajoutée. L'expansion du marché est confirmée par un attrait marqué des français pour les objets connectés, comme le révèle l'enquête notre enquête avec IFOP1, avec 13% des Français déjà équipée et 42% qui prévoient de le faire à moyen terme. Les objets connectés permettent de mettre en place de manière très facile et peu couteuse les dispositifs préventifs ou curatifs qui, il y a encore quelques années coutaient une fortune. Toutes les maladies voire même leurs causes (tabac, alcool, absence de l'activité physique, mauvaise nutrition) pourraient faire l'objet d'un suivi par les personnes elles-mêmes et/ou par les spécialistes avec lesquelles elles souhaitent partager ces données.

3. Le troisième facteur est l'allongement de la durée de vie : nous assistons actuellement à une véritable rupture démographique. Les chiffres sont largement connus, **il convient d'en rappeler les principaux :**

- Les plus de 60 ans représentent près du quart de la population française d'aujourd'hui et en constitueront près d'un tiers en 2060. [2]
- Entre 2011 et 2060, le nombre de retraités va augmenter de 44%. [3]
- Toutes les 37 secondes, nous assistions à la « naissance » d'un senior (plus de 60 ans) alors qu'il y a une naissance toutes les 42 secondes. [4]
- Pour les pays de l'OCDE, l'espérance de vie est passée de 66 ans en 1950 à 76 ans en 2007. [5]

Compte tenu de cet effet générationnel, l'ensemble du système de santé doit évoluer pour sortir d'une approche basée sur la prise en charge vers une approche préventive et de réduction des risques de la maladie ou des accidents. Or, force est de constater qu'il n'existe pas un modèle économique d'assurance santé préventive.

Comment va évoluer le rôle de l'assureur santé de demain ?

L'assureur santé de demain va continuer de prendre en charge les remboursements mais son rôle pourrait évoluer petit à petit vers celui de coach santé et de gestionnaire des parcours. Les parcours potentiels sont nombreux : parcours de prévention pour les actifs et les seniors pour les risques santé et de perte d'autonomie, parcours pour la coordination des soins de médecine de ville et des soins hospitaliers pour le bénéfice du patient… . L'assureur va donc jouer un rôle beaucoup plus proactif par rapport à son rôle de payeur « aveugle » d'aujourd'hui. Bien évidemment, cela présuppose de gagner la confiance des assurés, notamment dans le domaine de la gestion des données médicales.
Il s'agit ensuite de faire en sorte que l'expérience d'un parcours pour l'assuré soit une expérience positive et utile. Cela suppose de la part des assureurs une véritable ingénierie des services qui pourrait se traduire, par exemple, par la mise à disposition de bouquets de service thématiques (diminuer le stress, arrêter le tabac, suivre votre diabète de type 2…) composés des objets connectés, des applications du type quantified-self et des conseils d'accompagnement par les spécialistes.

Les assureurs acteurs sont-ils capables d'endosser ce rôle ou verra-t-on l'émergence de nouveaux acteurs sur le marché ?

Dans un environnement de marché porteur de belles promesses, nombreux sont les assureurs qui n'hésitent pas à prendre des positions opportunistes pour bénéficier d'un fort levier marketing et d'image : par exemple, les chèques cadeaux bien-être offerts aux assurés actifs, sur la base du nombre de pas journaliers mesurés. Mais il ne s'agit-il probablement pas du meilleur moyen de créer de la valeur ajoutée.
En effet, nous remarquons que les assureurs sont encore en phase d'expérimentation et que de nombreuses initiatives positionnent les objets connectés et la gestion des parcours de manière périphérique, sans lien avec les processus opérationnels. Par ailleurs, l'internalisation de l'ensemble de la filière (opérateurs, partenaires technologiques, humains, exploitation de la donnée…) semble difficilement accessible à l'assureur car trop éloignée de son cœur de métier.
La solution pour les assureurs consiste à s'armer des compétences et des

partenaires externes capables de s'intégrer au cœur du modèle opérationnel, dans une logique d'écosystème. D'où l'importance d'initier les premiers partenariats avec les acteurs spécialistes dans chacun des domaines.
Aujourd'hui, peu d'assureurs seront capables de devenir les intégrateurs de services et de technologies externes. Je suis donc relativement convaincu que le marché sera capté par les acteurs technologiques (une sorte d'assur-san-tech) qui vont capter la relation clients en s'appuyant sur les autres acteurs du système de santé (médecins, hôpitaux, assureurs, sécurité sociale, laboratoires (es pharmaceutique) pour les services.

1) Echantillon de 1000 personnes, représentatif de la population française âgée de 18 ans et plus / La représentativité de l'échantillon a été assurée par la méthode des quotas (sexe, âge, profession de la personne interrogée) après stratification par région et catégorie d'agglomération / Les interviews ont eu lieu par questionnaire auto-administré en ligne (CAWI - Computer Assisted Web Interviewing) du 18 au 20 mai 2015
2) DRESS 2013
3) Conseil d'orientation des retraites, 2013
4) Enjeux Senior, 2013
5) OCDE 2010

Isabelle Hébert

DGA Assurances

MGEN

Depuis des décennies, certains assureurs ont à cœur de mener à bien leurs missions de prévention santé, qu'ils considèrent presque comme leur « second métier ». Aujourd'hui les assureurs développent de plus en plus massivement les actions de prévention, pour se positionner sur le parcours de santé de leurs assurés. Un exemple, votre groupe, la MGEN a lancé récemment un programme innovant, Vivoptim, pour répondre à un enjeu majeur de santé publique : la prévention et la prise en charge des facteurs de risque cardio vasculaire « modifiables » (tabagisme, sédentarité, surpoids, obésité, hypertension artérielle...). Pour vous, en quoi le développement massif des technologies modifie-t-il les actions de prévention effectuée par les assureurs à destination de leurs assurés ?

La e-santé, et plus particulièrement la télémédecine, est un puissant levier de modernisation et d'amélioration de l'efficacité et de l'efficience du système de santé. Elle doit permettre l'accès aux soins pour tous et sur tout le territoire et répondre aux nombreux défis liés au vieillissement de la population et au développement des maladies chroniques.

Les nouvelles technologies permettent d'apporter un service qualitatif à chacun même aux classes sociales les plus fragilisées. L'accompagnement par des coachs santé virtuelle ou au téléphone doit réduire les inégalités territoriales d'accès à la prévention. Je considère que les dispositifs de e-santé, loin de déshumaniser la relation patient, permettent d'apporter plus de proximité, de libertés et d'autonomie, tout en améliorant l'accès à la santé pour tous.

C'est par la « numérisation » de notre monde que de nouveaux services et de nouveaux usages apparaîtront. S'il est bien sûr impossible de prédire aujourd'hui, avec exactitude, ce que sera la prise en charge des maladies dans dix ou vingt ans, le numérique en santé est une opportunité formidable de transformer le système de santé et de relever avec succès les défis actuels et futurs en matière de santé. Pour des opérateurs comme nous, financeurs et offreur de soin, c'est un enjeu stratégique majeur.

Sur un marché de la e-santé fortement concurrentiel (préempté par de nombreux acteurs : mutuelles, assurances, pure players santé, laboratoires pharmaceutiques, associations,...), MGEN a, en 2015, accéléré sa dynamique de transformation numérique pour assoir son positionnement digital sur le marché des mutuelles d'assurance santé – prévoyance. Quatre axes de travail ont été définis dont un est l'axe des services santé. Pour MGEN, la e-santé, c'est le moyen de repenser le rôle des complémentaires santé de l'indemnisation vers l'accompagnement des adhérents à toutes les étapes de leur vie et qu'elles que soient leurs situations de vie.

Nous sommes partis d'un constat : Les grands messages de prévention ne suffisent plus ! Je suis convaincue que la santé 3.0 peut se révéler une aide précieuse pour l'accompagnement et le soutien de nos adhérents et de leurs aidants et améliorer la façon dont nous sommes soignés et pris en charge. L'enjeu : Révolutionner les pratiques médicales, modifier et faire évoluer le système de santé pour qu'il soit plus en adéquation avec les besoins, les modes de vie des citoyens mais aussi plus en adéquation avec l'économie actuelle.

Dans un monde en totale évolution, les individus ont besoin de repères. La santé et le bien être en sont. Ils veulent agir, se prendre en charge et disposer d'outils simples, personnalisés et à usage instantané. Ils veulent un compagnon santé qui puisse les accompagner dans la durée à chaque étape de leur vie et évoluer en fonction des problématiques de santé qui se présentent. Les nouvelles technologies et demain l'intelligence artificielle permettent tout cela à la fois.

Le projet Vivoptim a démarré par une analyse précise des besoins des adhérents et une réflexion, avec les médecins, sur ce que le groupe MGEN pourrait apporter en complément du suivi médical. Cela nous a permis d'imaginer un vaste ensemble de services très ciblés qui nécessitaient des partenaires capables d'innover et de proposer des solutions et outils sur-mesure. C'est pourquoi nous avons fait le pari de constituer et de travailler avec un consortium d'entreprises, plutôt qu'avec un opérateur unique. Leur capacité à innover, leur expertise, leur réactivité et leur agilité sont les atouts majeurs de ce programme.

Vivoptim propose ainsi à travers un continuum de services, un parcours santé connecté et personnalisé. Le dispositif offre ainsi des contenus, du fonctionnel et du serviciel permettant aux utilisateurs de devenir acteur de leur santé.

En intégrant les nouveaux usages en santé offerts par l'innovation technologique, ce programme innovant s'inscrit en complémentarité de l'offre de soins actuelle et dans le respect des parcours de soins des malades chroniques cardiovasculaires. Vivoptim constitue un avantage distinctif, en cohérence avec notre métier d'assureur santé et d'offreur de soins, à même de renforcer nos partenariats avec les Ministères de notre champ affinitaire.

Vivoptim participe ainsi de la visibilité de la transformation digitale amorcée par MGEN et concrétise son ambition mutualiste d'accompagner globalement ses adhérents pour améliorer leur situation de vie. Par son approche multicanale, de multi-proximité et pluri-professionnelle, Vivoptim s'ouvre à une relation numérique à caractère humain, strictement nécessaire à un usage optimisé de ces nouvelles pratiques de santé. C'est l'alliance d'une approche « high-tech » et d'une approche « high-touch », les deux étant parfaitement complémentaires.

Les services font partie intégrante aujourd'hui des offres de complémentaire santé. Parmi ces services, ceux liés à la prévention santé semblent primordiaux. Pensez-vous que la prévention santé va être encore plus présente dans les services proposés par les complémentaires santé ? si oui, de quelle manière ?

L'activité des complémentaires santé est de plus en plus normée, et la capacité à innover est bridée. Il est aujourd'hui difficile d'agir véritablement sur le système de santé. Or, si notre système reste performant, il n'en souffre pas moins d'insuffisances majeures, par exemple en matière de prévention. Performant mais largement perfectible. La prévention a un rôle majeur à jouer pour l'améliorer. Nous devons sortir de ce système de soins curatif, sur lequel se sont concentrés jusqu'à présent les pouvoirs publics. Or, l'assurance maladie reste centrée sur le « curatif » et la couverture des besoins collectifs, dans une logique de solidarité nationale. Ce positionnement limite nécessairement sa capacité à apporter des réponses personnalisées aux individus. Les Complémentaires ont la capacité d'apporter ces réponses et d'investir dans de nouvelles structures plus adaptées aux besoins de la population. Elles sont légitimes pour investir dans ce champ et créer des services différenciant en matière de parcours de santé (en dehors du parcours de soins), de détection précoce ou d'assistance...

Le marché de l'assurance santé connaît d'importantes évolutions réglementaires (Accord national interprofessionnel, Contrats santé responsables, Contrats ACS et Labellisation des Contrats Séniors) et de profondes mutations qui heurtent le modèle actuel. Le risque de rupture des équilibres en vigueur impose aux complémentaires santé de réinventer leur métier, au-delà du simple remboursement des soins de santé.

Concernant les mutuelles de fonctionnaires, elles doivent faire face à une problématique de concurrence forte, liée aux menaces d'évolution de la procédure de référencement à la suite du rapport Charpin.

Le secteur doit également se donner les moyens de lutter contre la concurrence d'autres acteurs, parmi lesquels les géants du web, qui peuvent émerger en s'appuyant sur leurs propres actifs (données de santé, technologies clés, relations clients).

Le contexte rend ainsi l'innovation et la transformation digitale de plus en plus prégnantes pour offrir un nouveau positionnement aux complémentaires santé. Parmi ces innovations, l'apport de services supplémentaires, dans les domaines où l'assurance maladie intervient peu, constitue une voie logique et légitime, à l'image de notre initiative à travers Vivoptim. A l'inverse d'autres Complémentaires, nous avons développé un continuum de services qui adresse la prévention primaire à la

prévention tertiaire dans une logique de gestion du risque et non pas simplement de différentiation commerciale et marketing.
Appuyé sur notre réseau militant et affinitaire au cœur de nos 102 Sections départementales, nous avons de plus la capacité et l'organisation permettant de renforcer, à toutes les étapes de la vie, les actions de prévention et d'éducation à la santé et particulièrement dès l'école primaire grâce à notre association ADOSEN.
Depuis quelques années, les entreprises s'intéressent de plus en plus à la santé des salariés. Pour une entreprise « responsable », la santé de tous ses collaborateurs présente en effet un enjeu primordial, indissociable de la bonne marche de l'entreprise. Des besoins émergent actuellement en réponse aux enjeux de qualité de vie au travail, de maîtrise de l'absentéisme mais également d'employabilité des salariés âgés face au double défi de l'allongement de la vie professionnelle et des maladies chroniques. Les assureurs prévoyance sont de ce fait incités à rechercher des solutions de prévention et de maîtrise du risque. L'objectif est d'endiguer la dégradation du risque arrêt de travail et de préserver la soutenabilité des régimes de prévoyance.
L'ANI devrait par ailleurs favoriser la prévention parce que la mutualisation au niveau d'une population de CCN permet d'investir.
Dans le cadre de la constitution de l'UMG MGEN Istya Harmonie, nous avons décidé de constituer, au sein d'un Groupe, un domaine « services Innovants » dont j'aurai le privilégier de m'occuper. Il développera de nouveaux dispositifs innovants pour le compte de l'ensemble des structures du Groupe, relatifs à la prévention, les réseaux de soins, l'assistance et l'accompagnement global de nos adhérents. C'est un axe stratégique fort pour notre projet commun.

D'un point de vue général, comment voyez-vous les contrats complémentaires santé de demain ?

Supportant une part toujours plus importante du financement de certains soins, les complémentaires santé sont légitimes à passer d'un rôle de « payeurs aveugles » à un rôle déterminant de « payeurs régulateurs » à forte valeur ajoutée. Ceci doit nous inciter à faire évoluer la conception du produit assurantiel vers une proposition alliant couvertures et services portés par la prévention. Certes, le marché de l'assurance est encore en phase d'expérimentation et les organismes complémentaires doivent monter en compétence pour être capable d'élargir l'offre de prévention et la personnaliser.
Il faudra à court terme être capable d'intégrer les services de prévention dans les contrats santé mais aussi dans les contrats prévoyance ou ceux liés à la dépendance. Pour ces derniers, et encore davantage pour les contrats globaux associant

santé, prévoyance et dépendance, la gestion du risque est efficace. Je suis convaincue que la prévention peut servir la gestion du risque sur ces trois risques précisément.

Prenons le cas des Etats-Unis (exemple de Kaiser, *Health Maintenance Organization*), la vraie innovation réside dans le fait de lier le contrat d'assurance à l'offre de soin. Dans ce cadre, la prévention est nécessaire et utile aux deux. Nous devons regarder ce qui se passe en termes de gestion du risque, de disease ou case management, dans les autres pays, aux Etats-Unis comme en Angleterre ou encore au Moyen orient et en Chine.

Concernant MGEN, et plus largement le Groupe MGEN Istya Harmonie, nous devons travailler davantage sur une approche transverse entre nos activités d'assurance (LII) et nos activités d'offreur de soins (LIII). Des services de prévention globaux innovants et à forte valeur ajoutée doivent être réfléchis et mis en œuvre pour créer une expérience positive et différenciante. Il faut davantage oser la prévention médicalisée pour parer progressivement au soin curatif. Seule une approche personnalisée, non banalisée, a du sens.

Par ailleurs, nous traversons une période de mutations rapides et d'opportunités portée par l'essor des nouvelles technologies et l'émergence de nouvelles disciplines telles que la robotique, la modélisation informatique, les thérapies géniques ou la télémédecine qui nous ancre dans une dimension plus individuelle et donc moins standardisée.

Le rôle de l'assureur pourrait évoluer vers celui de « coach » santé. Cela présuppose d'être proche de ses adhérents et d'avoir réussi à gagner leur confiance. Cela s'appuiera sur la mise à disposition de bouquets de service complets : objets connectés, applications du type quantified-self, programmes d'accompagnement des patients, dispositif de diagnostics personnels, solutions de télémédecine, … . Pour construire de tels services et éviter les écueils d'une offre de prévention standardisée, l'utilisation du big data sera de plus en plus nécessaire. Elle doit permettre de mieux comprendre le profil de nos adhérents, leurs risques, leurs habitudes, leur environnement, leur consommation et de concevoir des services sur-mesure en parfaite adéquation avec leurs besoins selon le moment et la situation de vie.

En synergie avec nos innovations relatives à la e-santé et la prévention, nous devons développer toujours plus d'autres types de services pour nos adhérents. Et ils doivent à présent systématiquement se décliner avec un volet digital et un volet présentiel. Et cela tout en assurant la qualité de service sur notre cœur assuranciel Santé/prévoyance. Sans une qualité de service irréprochable de base, les services additionnels n'ont pas de sens pour nos adhérents.

Notre mission mutualiste telle que exprimée dans nos statuts est large. Comme le disait récemment le Président de la FNMF, « *les mutuelles ne doivent pas s'auto-enfermer dans la santé* » : logement, pouvoir d'achat, accompagnement au bien-veillir, dispositifs culturels et éducatifs, nous devons penser « grand » pour notre stratégie de services, tout en l'appliquant « au plus proche » dans des déclinaisons concrètes et territoriales. Nous sommes « *en pleine résonance avec ce à quoi aspire actuellement la société* », à nous de la matérialiser par nos services innovants !

Catherine Touvrey

Directrice Générale

Harmonie Mutuelle

La révolution numérique touche tous les secteurs, l'assurance n'y fait pas exception. Cette révolution numérique à travers ses différents outils, comme les objets connectés, fait évoluer le métier d'assureur et sa relation avec l'assuré. Les objets santé connectés sont aujourd'hui une réalité et vont encore beaucoup se développer, au point de révolutionner notre quotidien et notre manière d'aborder notre propre santé. Mieux s'écouter, mieux suivre ses propres indicateurs de santé permet un diagnostic précoce des maladies et donc un meilleur traitement.

Plus en amont encore, les objets connectés sont de formidables outils de prévention santé. Sans oublier les malades et leurs médecins, pour qui les objets connectés constituent aussi une aide précieuse. Bracelets, balances, montres, fourchettes, brosses à dents, piluliers, vêtements, etc. De nombreux outils existent déjà aujourd'hui... En quoi le développement des objets connectés liés à la santé modifie-t-il la relation assureur-assuré pour aujourd'hui et pour demain ? Quel est votre opinion, et votre vision, sur ce sujet ?

Harmonie Mutuelle, première mutuelle santé de France, avec plus de 4,3 millions de personnes protégées, a pour vocation de permettre l'accès à des soins de qualité pour tous. Dès lors, pour nous, la e-santé s'affirme comme un enjeu stratégique permettant de répondre à 3 problématiques qui se situent au cœur de notre démarche : Comment optimiser l'accès aux soins ? Comment mieux accompagner les populations fragilisées ? Comment devenir davantage acteur de sa santé ?

Il est certain que la révolution numérique va impacter positivement, impacte influe déjà, la santé au quotidien. D'ores et déjà, la e-santé représente pour Harmonie Mutuelle l'opportunité de proposer des services plus personnalisés dans un ensemble de domaines : bien-être et prévention (bracelets traqueurs d'activité, balances coachs, dispositifs de gestion du sommeil, ...), accompagnement de l'hospitalisation en ambulatoire (tensiomètre, glucomètre, ...), vieillissement et fragilité liée à l'âge (vidéosurveillance, téléassistance)... Sur tous ces sujets, Harmonie Mutuelle a lancé des chantiers qui représentent une réelle opportunité pour apporter des réponses à des besoins de santé peu ou mal traités aujourd'hui. L'objectif : innover au bénéfice de nos adhérents.

Mais le digital bouleverse également notre relation aux adhérents. Il nous permet de densifier et d'individualiser cette relation ; de passer du réactif au proactif, c'est- à-dire, anticiper les besoins et ne pas se contenter de répondre aux sollicitations de nos adhérents.

La digitalisation c'est aussi l'émergence du Big Data. Il est évident que les solutions personnalisées s'appuieront sur la bonne connaissance et la valorisation de ces

données. Mais, pour Harmonie Mutuelle, une démarche éthique respectueuse de la confidentialité des données est fondamentale. Nous gérons déjà de nombreuses données santé, et les valeurs mutualistes rassurent dans un contexte où le risque de marchandisation des données santé est clairement rendu possible par l'arrivée des géants du numérique (Google, Apple, Facebook, Amazon…) sur ce marché. Harmonie Mutuelle peut aussi peser dans les débats sur l'utilisation des données de santé avec une approche beaucoup plus sociétale, au profit de ses adhérents.
Il s'agit de s'affirmer comme un véritable partenaire de confiance capable d'apporter à chacun les solutions dont il a besoin, au moment où il en a besoin, dans le respect rigoureux d'une véritable éthique. La transformation digitale est un enjeu majeur pour Harmonie Mutuelle que nous allons réaliser avec notre ADN, en tant qu'acteur mutualiste de santé, pour optimiser l'accès aux soins, mieux accompagner les populations fragilisées à un moment de leur vie, notamment les populations isolées, aider nos adhérents et futurs adhérents à devenir davantage acteurs de leur santé. C'est l'alliance du digital et de l'humain qui fera la différence. Notre ambition est claire : faire de notre entreprise une mutuelle multimétier, technologique et humaine.

Les objets connectés liés à la santé permettent de mettre à disposition des assurés des services associés permettant une « meilleure gestion de leur santé ». Pensez-vous que les objets connectés et leurs services innovants pourraient, dans l'avenir, s'intégrer dans les contrats proposés par les complémentaires santé ?

Un Français sur deux estime que la santé connectée jouera un rôle important dans sa vie future. Le monde médical, quant à lui, salue l'arrivée des objets connectés santé comme un progrès notable en matière de prévention des risques santé et d'amélioration de la vie quotidienne. Cela soulève toutefois des questions sur les critères de choix, compte tenu de l'offre de plus en plus importante, et sur la fiabilité des appareils proposés. Harmonie Mutuelle a souhaité accompagner le grand public dans le choix de nouveaux outils, et lui apporter des conseils dans l'aide à la décision, en lançant en 2015 le premier guide sur la santé connectée en ligne. Réalisé avec des professionnels de santé et des experts en droit de la santé, le guide propose une évaluation objective d'objets connectés santé classés par thèmes (activité physique, sommeil, poids, glycémie…). Accessible à tous, le site évalue les produits sur différents critères comme la fiabilité, le respect de la vie privée dans l'utilisation des données personnelles, informe du niveau d'engagement des fabricants en termes de responsabilité sociétale et relaie des avis d'utilisateurs. Ainsi, chacun peut trouver l'objet connecté adapté à ses besoins et acheter en ligne, auprès

d'Harmonie Médical Service, les articles les mieux notés. Les adhérents de la mutuelle bénéficient, en plus, de tarifs préférentiels.
Par ailleurs, dans le domaine du mieux vivre à domicile et de l'accompagnement des populations fragilisées, Harmonie Mutuelle a lancé, à la mi-2016, Harmonie Live, une nouvelle génération de téléassistance en partenariat technologique avec Orange. Bipeur d'alerte pour prévenir les proches, capteurs sécurisant l'habitation, boîtier d'interphonie afin d'échanger avec des professionnels pour rompre un moment de solitude ou d'inquiétude... Ces services innovants allient une technologie simple d'utilisation, fiable et performante, et un service d'écoute, d'orientation et de soutien assuré 24h/24 et 7j/7. Avec le fonds d'innovation mis en place par Orange et Harmonie Mutuelle, cette nouvelle génération de solutions pour le mieux vivre à domicile va continuellement être enrichie, notamment dans le domaine du suivi médical et de l'anticipation de situations à risques. Cette offre est payante et ouverte à tous, même aux non-adhérents à Harmonie Mutuelle.
L'application Betterise illustre également ce nouveau type de service. Proposé par Harmonie Mutuelle depuis janvier 2015, Betterise est un service de prévention personnalisé (web et mobile) qui fournit des conseils et des outils pour permettre d'améliorer de façon significative son bien-être et sa santé. Validé par des experts, sous l'égide de Michel Cymes, ce nouveau service regroupe un ensemble de fonctionnalités : conseils santé personnalisés en ligne, plus de 20 programmes de coaching (nutrition, sommeil, mémoire, arrêt du tabac), quiz, recettes de cuisine... Betterise permet ainsi à chacun de prendre sa santé en main. Betterise est intégré à l'offre Harmonie Santé. Il a d'abord été lancé auprès des adhérents collectifs puis étendu à tous les publics.

Il semblerait que, progressivement, les services associés aux contrats de complémentaire santé, par exemple liés aux objets connectés, permettraient d'éviter de proposer aux assurés des offres que certains disent trop banalisées, trop standardisées. Partagez-vous ce point de vue ? Et d'un point de vue général, comment voyez-vous les contrats complémentaires santé de demain ?

Effectivement, nous sommes sur un marché difficile, fortement concurrentiel, qui oblige à nous transformer et à diversifier nos services et métiers. Aujourd'hui, les banquiers, les instituts de prévoyance et les assureurs, mais aussi les « FinTechs » (ces entreprises qui utilisent les nouvelles technologies pour proposer des services innovants), sont nos concurrents directs. La période qui s'ouvre est marquée par l'accélération des mutations et la multiplication des possibles. Chaque acteur doit désormais clairement faire le choix du chemin qu'il souhaite emprunter et ce choix constitue un pari sur l'avenir, celui dans lequel on décide d'investir ses ressources. Harmonie Mutuelle, souhaite s'affirmer comme une « mutuelle 3.0 ».

En participant, avec d'autres acteurs mutualistes comme MGEN, à la création du groupe MGEN-ISTYA-HARMONIE, nous nous donnons les moyens de notre ambition. Ce groupe puissant renforcera notre capacité collective à innover.

Jean-François Tripodi

Directeur Général

Carte Blanche Partenaires

L'orientation médicale et la prévention santé sont des actions importantes en termes de services liés à la complémentaire santé. Parmi les grands changements de ces dernières années, la constitution des plateformes santé, gérant des réseaux de soins, permet d'avancer dans cette voie, afin de maîtriser les coûts tout en permettant aux assurés d'être accompagnés de façon de plus en plus personnalisée et d'accéder à des soins de qualité. Comment, une plateforme santé, telle que la vôtre, s'inscrit-elle dans cette démarche vertueuse ?

Le rôle d'une plateforme santé est de faciliter l'accès pour le plus grand nombre et d'orienter les bénéficiaires vers des professionnels de santé qui leur délivreront des services de qualité au juste prix et ce dans le respect des engagements contractuels pris, qui respectent les pratiques de ces derniers. Pour une plateforme santé associer la qualité des prestations à des tarifs accessibles est essentiel.
La qualité, la traçabilité et les tarifs sont contrôlés par Carte Blanche Partenaires pour le respect des engagements qualitatifs des professionnels de santé et nous allons au-delà de ces engagements en luttant contre la fraude.
Par exemple en optique, le référencement des verriers, la traçabilité des verres et des tarifs plafonnés sont des éléments essentiels pour nous. Concernant le référencement des verriers, nous proposons un catalogue inédit en France reprenant l'ensemble des corrections et des verres associés. En 2012 nous avons été les premiers à référencer les verriers en gérant leurs catalogues des verres depuis tous les autres réseaux ont suivi. Concernant la traçabilité des verres qui permet de connaître leur origine, c'est un gage de qualité, prouvant que les verres ont été fabriqués par des professionnels reconnus. Pour les tarifs pratiqués par les opticiens, ils sont plafonnés et contrôlés par un outil de dématérialisation des prises en charge utilisé directement sur le poste de l'opticien ce qui permet une connaissance du reste à charge du bénéficiaire en temps réel.
Enfin, Carte Blanche Partenaires propose pour mieux accompagner ses bénéficiaires en optique, un certain nombre de « services + ». Par exemple, un espace enfants qui permet un large choix de montures pour les 0-6 ans, un service contactologie qui propose une large gamme de lentilles, des lentilles d'essai dans un environnement adapté, et une garantie 3 mois, déchirure et adaptation. Des garanties supplémentaires peuvent également être proposées aux bénéficiaires, comme des garanties « casse » pour les verres. Enfin, un second équipement à 1 euro maximum, auprès du même fournisseur de verres que le 1er équipement, de qualité égale et de même génération peut être fourni au bénéficiaire.
Beaucoup de Français renoncent à des soins pour des raisons financières (étude IFOP/Deloitte de 2015). 86% des personnes interrogées prévoient dans l'avenir une

hausse de leur reste à charge, alors qu'ils renoncent déjà à des soins pour des raisons financières. Selon une étude Opinionway de février 2015, réalisée auprès de presque 2000 salariés d'entreprises privées, 60% trouvent le reste à charge en optique inacceptable. Dès lors, très logiquement, les Français ont des attentes fortes sur la réduction de leur reste à charge et placent l'accès aux soins en tête des priorités d'action des pouvoirs publics. Pour 90% des Français il est important et primordial de lutter contre les barrières à l'accès aux soins. Le « sans reste à charge » est donc un besoin majeur.
De fait, Carte Blanche Partenaires propose, pour ses clients assureurs santé et leurs bénéficiaires, une offre optique « sans reste à charge » tout en maintenant ses principes et ses valeurs basés sur la qualité des produits et le respect de l'expertise des opticiens. L'équipement est composé de verres issus de 3 verriers mondialement reconnus pour la qualité de leur produit : Essilor, Zeiss et Nikon et de montures « 1796 » que nous avons créées en marque propre, fabriquées dans les vallées de l'Ain et du Jura, berceau historique des lunetiers. Cette année sur les 36 montures qui composent la collection 12 sont labellisées « Origine France Garantie » les autres sont « marqué CE », l'an prochain ces dernières seront « Made In France ». Le tout sans reste à charge » pour le bénéficiaire pour des lunettes alliant qualité des verres et des montures.

Les assurés, bénéficiaires de vos services, semblent vouloir être de plus en plus connectés pour l'amélioration de leurs parcours de santé (prévention, accompagnement & suivi de pathologie, ...). De ce fait, les plateformes santé semblent être des acteurs majeurs pour accompagner les Français dans la gestion de leur santé et de leurs données de santé. Dans ce contexte, quelle est votre vision du rôle de votre plateforme santé ?

Les objets connectés sont en train de dépasser un effet mode et de devenir de réels outils de mesure performants et sûrs plutôt que des gadgets.
La question majeure à se poser relève du stockage des données : En France ? A l'étranger ? Quelle utilisation ? Par qui ? Si ces données sont utilisées pour le bien du porteur de l'objet connecté, avec son plein consentement, tout va bien. Certains envisagent un élargissement du périmètre des données confidentielles concernant la santé des personnes. Par exemple, la simple information qu'une consultation médicale ait eu lieu, pourrait générer un traitement relevant des données personnelles de santé et donc d'un hébergement et d'une gestion spécifique à ce type de données. Dans ce contexte général, les plateformes comme Carte Blanche Partenaires ont un rôle majeur, en fonction de l'évolution réglementaire, afin de se placer en tiers de

confiance permettant ainsi la gestion personnelle d'un dossier de remboursement en interface avec l'assureur et sans que celui-ci ait des informations confidentielles.

La complémentaire santé (à titre individuel ou collectif) a tendance, en terme de garantie, à se banaliser. Partagez-vous ce point de vue et surtout, quelles sont vos convictions sur les évolutions probables de la complémentaire santé ?

La mise en place des contrats responsables et du contrat socle ANI, va accélérer une relative normalisation des contrats. Les acteurs vont pouvoir se différencier sur les services et plus particulièrement sur les réseaux de soins qui permettent de réguler les dépenses de santé tout en favorisant l'accès aux soins. C'est pour offrir ce type de services aux assurés que nous devons gérer leurs données de santé personnelles afin d'optimiser les produits et prestations que nous recommandons pour eux et que nous labélisons.

Nous sommes arrivés à une période charnière sur la mise en place de services liés à la santé des personnes, comme le coaching individualisé, et c'est dans le cadre de l'ensemble de ces services que la collecte et la gestion des données personnelles de santé sont primordiales. La connaissance de l'adhérent nous permet de lui offrir des services de qualité.

VI - FOCUS :
l'assurance vie

Repères

- 39% des contrats d'assurance vie en ligne du marché peuvent être souscrits entièrement sur Internet [1]

- 90% des consommateurs français entre 25 et 34 ans s'intéressent aux canaux de souscription en ligne de l'assurance vie (tablette, téléphone, PC...) [2]

- 15% des consommateurs français ont souscrit une assurance vie en ligne [2]

- 53% des consommateurs français choisiraient de souscrire une assurance vie en ligne pour la disponibilité 24h/24 [2]

- 35% des consommateurs français choisiraient de souscrire une assurance vie en ligne pour le rapport qualité/prix [2]

- 16% des clients des CGPI seraient prêts à utiliser des robo-advisers [3]

- Pour son premier anniversaire, Yomoni revendique 6 millions d'euros gérés [4]

1) Assurland, 2016
2) Rapport PWC, 2014
3) Dixième édition du Baromètre du marché des conseillers en gestion de patrimoine indépendants (CGPI) (1) de BNP Paribas Cardif, 2016
4) Communiqué de Yomoni, 10/2016

& verbatims

« Sur l'assurance-vie, nous avons complètement transformé le modèle, en l'inscrivant dans une démarche d'épargne plus globale. » déclare **Thierry Martel**, Directeur Général de Groupama en mars dernier dans **les Echos**.

« Le marché de l'assurance-vie en ligne bouge de manière intéressante et devrait dépasser les 3 milliards d'Euros de collecte cette année. » évoque **Bernard Le Bras**, Président du Directoire de Suravenir en décembre dernier dans **les Echos**.

« Les robo-advisors ne sont pas une menace pour le métier de CGPI car ce dernier repose sur la proximité avec les clients et sur l'accompagnement dans le temps. » déclare **Jean-Marc Bourmault**, Directeur des partenariats de la convention Patrimonia sur **Easybourse.com** le 29 septembre dernier.

Antoine Delon

Président

LINXEA

Quels sont les tendances du marché de l'assurance vie en ligne ?

C'est un marché qui commence vraiment à décoller, cela représente aujourd'hui 3,5% de la collecte totale en Assurance vie. Les contrats proposés sur internet sont plébiscités comme étant les meilleurs du marché à tous les niveaux, prix, performance fonds Euros, choix des unités de comptes, gestion pilotée... La collecte depuis 3 ans est en forte progression par rapport aux canaux de distribution traditionnels. Cette tendance va être de plus en plus forte avec toute les évolutions technologiques à venir (100% dématérialisé, gestion automatisé, services ...), les assureurs ont enfin compris qu'il fallait investir massivement sur ce créneau.

Qui sont actuellement les clients qui privilégient l'assurance vie en ligne ?

Il n'y a pas de client type mais ils sont généralement plus jeunes que dans les réseaux d'assurances et de banques. Ils sont très exigeants et sensibles à la notion de frais. Je les qualifierai de plus avisés que la moyenne, ils ont plusieurs contrats d'assurance vie et ils les comparent régulièrement. Ils comprennent les basiques de l'épargne et se renseignent régulièrement sur les meilleures opportunités. C'est donc primordial de réussir à conquérir la clientèle de masse qui aujourd'hui reste accrochée à son agence bancaire et ne comprend pas réellement les atouts de l'assurance vie. L'encours moyen des clients en ligne tourne autour de 35 000 Euros, ils ont un taux de reversement important.

Quels sont donc vos idées pour conquérir cette clientèle de masse ?

L'enjeu principal est l'acquisition client, c'est un marché très concurrentiel et donc les investissements sont importants. La plupart des acteurs se concentrent sur des solutions technologiques d'optimisation de l'allocation d'actifs. C'est important mais cela reste destiné à des investisseurs avisés. Chez LinXea nous pensons qu'il faut faire un effort pédagogique. L'assurance vie est le placement préféré des Français mais ils n'en connaissent pas tous les avantages. Combien pense que ce n'est pas un produit liquide et que l'on ne peut investir que sur du fonds en Euro ?

Nous lançons une plateforme de formation totalement gratuite et ouverte à tous qui permettra de comprendre les différents rouages de l'épargne (assurance-vie, immobilier, Private equity ...).

Internet est un outil formidable pour se former et c'est grâce à une meilleure connaissance que les épargnants vont avoir plus de liberté dans leurs choix. Naturellement ils se tourneront vers les meilleures offres du marché en termes de services et de prix. Je vous encourage donc à jeter un petit coup d'œil sur la LinXea Academy.

Nicolas Schimel

Directeur Général

Aviva France

L'assurance vie est un des placements préférés des Français. Comment décrieriez-vous ce marché ?

En 30 ans l'assurance vie (épargne et retraite) française a vu sa collecte annuelle multipliée par 10 et ses encours multipliés par 33. Elle représente depuis plus d'une décennie plus de 40% de l'épargne financière des ménages et entre une part majoritaire des flux nets, certaines années proche de 100%. Elle est devenue la « star » incontestée des produits d'épargne jouissant d'une popularité et d'une fidélité hors normes et offrant une grande satisfaction de « parties prenantes » aux multiples usages. Elle a fait au passage le bonheur d'une multiplicité d'acteurs professionnels, des CGPI aux notaires et aux journalistes de la presse patrimoniale.
Nul doute qu'on se souviendra longtemps et avec nostalgie de cette période bénie, et qu'on débattra - avec sérieux - de la date précise de la fin de ce qu'il est à peine exagéré de baptiser « l'âge d'or de l'assurance vie ». La lecture des quelques lignes des Métamorphoses d'Ovide décrivant cet âge d'or offre en prime la possibilité de se livrer à quelques réjouissantes analogies avec le microcosme de l'assurance.
Il est à craindre toutefois que cette date soit en réalité antérieure à notre année 2016. Il n'y a pour s'en convaincre qu'à énumérer la liste impressionnante des facteurs favorables qui ont permis cet âge d'or.

• Un mécanisme de « fonds en Euros » permettant à la fois d'offrir une garantie de capital aux épargnants les plus averses au risque, et de rechercher le rendement en investissant dans une allocation d'actifs peu contrainte, pour un coût du capital prévisible et modeste (4% des montants engagés).
• Plus de 30 ans de baisse continue des taux longs permettant aux assureurs ayant investi majoritairement en obligations d'offrir à tout moment un taux de rendement (issu du passé) net de frais (non négligeables pourtant) compétitif par rapport aux taux obligataires du moment et à l'inflation. L'OAT 10 ans le 26 aout 2016 proposait aux investisseurs un rendement 100 fois moindre (0,17%) de celui de 1981, en attendant que le zéro absolu ou les taux négatifs défient toute comparaison arithmétique.
• Un bonheur ne venant jamais seul, 30 années de rendements historiques des rendements des marchés financiers (qualifiées là aussi « d'âge d'or »), ceux des actions se situant près de deux points au-dessus de leur moyenne de long terme. Et du coup double « gain » pour les allocations diversifiées que les assureurs avaient eu l'intelligence de mettre en place depuis quelques décennies pour leurs fonds Euros ou proposé via les contrats multi-supports.
• Une articulation du code civil et du code des assurances, exemples réussis de ce que savent produire à leur meilleur nos législateurs et nos administrations, qui a permis de donner libre cours à l'ingéniosité des spécialistes du patrimoine et de

la finance et de faire du contrat d'assurance vie et de capitalisation un « couteau suisse » de l'épargne (ce que les suisses eux même n'ont pas su faire...).
• Un traitement fiscal extraordinairement favorable à l'origine, dont les petits coups de « rabot » successifs se sont finalement révélés de peu de poids face à l'alourdissement général de la fiscalité et à sa complexification (IR, ISF, cotisations sociales, droits de succession), faisant de l'assurance vie un puissant antidépresseur du contribuable.
• La génération d'un mouvement associatif dédié à l'épargne individuelle, espèce inconnue en dehors de notre hexagone dont le représentant iconique, l'AFER, est devenu une véritable marque dans le monde de l'épargne, et qui a dans le même temps poussé les assureurs à plus de vertu dans leurs comportements et moins d'excès dans leur frais, et, en contrepartie apporté une image consumériste et positive à ce produit devenu « référence ».
• L'adhésion massive des banquiers, aujourd'hui tous détenteurs de leurs filiales d'assurance, dont la force de frappe et l'insertion naturelle dans leur gamme de l'assurance vie, a permis une diffusion quasi universelle du produit, et qui –cerise sur le gâteau - ont pu accompagner une croissance débridée d'un traitement prudentiel particulièrement favorable, cas là aussi unique en Europe.
• Une attitude pragmatique et plutôt bienveillante des régulateurs, plus attachés à la satisfaction globale produite par le dispositif, qu'à des visions dogmatiques des dérives possibles, de fait assez rares dans son usage.
• Et au final, une offre que les meilleurs « marketeurs » n'auraient pas su inventer – ils étaient d'ailleurs assez rares dans l'assurance- , à la fois simple dans son design, et sophistiqué sous le capot, permettant une quasi infinités de déclinaisons et de personnalisations, utilisée aussi bien pour l'épargne de précaution, la retraite ou la transmission ; et populaire aussi bien auprès des épargnants modestes, que des grandes fortunes, et pouvant accompagner les clients de ...moins de 7 à plus de 77 ans...

Qu'en est-il de l'avenir ? Cet âge d'or, que vous décrivez, peut-il continuer ou va-t-on entrer dans une période plus compliquée ?

Combien de ces facteurs ont de fait déjà disparu ? Combien sont menacés à plus ou moins court terme ? Peu importe en fait car si l'on admet que c'est en fait à la fois la combinaison de ces facteurs et leur dynamique qui a permis cet âge d'or, on comprend qu'il fait maintenant partie du passé. Définitivement. Mais quel sera son avenir ? Peut-être se trouvera-t-il dans l'un des 4 scénarios suivants :

1) L'âge de fer

Taux d'intérêt négatifs. Baisse drastique des rendements. Déception et fuite massive des épargnants du fonds Euro sans prise de relais des unités de compte. Accélération des ventes d'actifs poussée par l'effet pro-cyclique des normes de solvabilité. Durcissement de la position des régulateurs et des législateurs combinée avec l'apparition des actions de groupe vis à vis des assureurs et des intermédiaires. Décimation « à l'anglaise » de ces derniers pris entre des rémunérations en baisse et des exigences de conformité en hausse. En quelques années, le paysage harmonieux et paisible peut se transformer en champ de bataille sanglant. Hypothèses d'ailleurs pour la plupart reprises dans les scénarios de risque et autres « stress test », et largement étudiées par les directions des compagnies... En espérant que penser le pire permettra de trouver les actions pour l'éviter.

2) Le soleil levant

...ou scénario à la japonaise. Ce pays où les taux ultra bas sont « monnaie courante » depuis plus d'une décennie. Certes l'adaptation a été douloureuse (faillites, changements législatifs et réglementaires) et une seule compagnie japonaise figure maintenant, par la taille, dans le Top 10 mondial. Mais la cure d'amaigrissement a permis aux assureurs vie de rééquilibrer leurs offres et leurs sources de revenus. Produits traditionnels (accidents et prévoyance) revenus à l'honneur. Produits de commodité (peu de frais et de rendement) à bas cout. Produits plus innovants, mais plus risqués avec notamment l'ouverture aux devises étrangères, ou les « variable annuities ». L'offre, et la demande, peuvent finalement s'adapter aux nouvelles conditions de température et de pression, et c'est sans doute le chemin « par défaut » qui est aujourd'hui au cœur de la plupart des stratégies des grands groupes d'assurance français.

3) La recombinaison génétique

Et si l'on pouvait garder une partie du génome de l'assurance vie actuelle (le traitement fiscal et civil si subtilement adapté à la société française, l'ingéniosité des actuaires et des financiers pour fabriquer de nouvelles « formules », le talent de conseiller des distributeurs) et la recombiner avec des gènes plus récents et évolutifs. Le gène du low cost pour garder le maximum de valeur au client. Le gène digital pour réaliser une personnalisation plus poussée et surtout mieux adaptée à chaque client. Le gène de la gestion moderne des risques, pour proposer des garanties mieux ajustées et valorisées. Et peut-être même le gène de la communauté version moderne du mutualisme ou de l'association. N'est-ce pas en quelques mots ce que les assureurs les plus entreprenants poursuivent dans leurs laboratoires aujourd'hui ?

4) Le chaos créateur

Certains l'appellent disruption, avec une forte présomption que les GAFA, ou leurs homologues chinois, trouvent un jour les idées et l'envie de déferler sur la planète assurance en changeant les règles du jeu, eux qui n'ont rien à perdre et peut être tout à gagner. D'autres rappellent que l'assurance c'est avant tout la mise en commun par une communauté de ses intérêts dans la durée, et qu'entre blockchain, monnaies locales, et esprit mutualiste ou communautaire, on pourrait bien se passer tout court des assureurs. Enfin la seule observation de l'histoire du succès de l'assurance vie peut laisser imaginer est que jamais un tel concours de circonstance ne se reproduira et que la suite sera tout simplement... Différente et imprévisible. Pouvoirs publics et régulateurs assurent veiller... Mais regardent-ils dans la bonne direction ? Et d'ailleurs est-il de leur devoir d'empêcher la destruction créatrice, au léger bémol près que les assureurs actuels n'auront le droit de disparaître qu'après avoir honoré leurs engagements auprès de leurs clients... Ce qui donne quand même le temps de se retourner.

Quelle que soit la valeur de ces scénarios, ils illustrent en tous les cas une conviction profonde que beaucoup d'acteurs de l'assurance partagent : cet âge d'or était somme toute un peu ennuyeux, et l'assurance n'a jamais été un métier aussi passionnant qu'il l'est et le sera dans la décennie qui s'ouvre.

VII - FOCUS : d'autres produits et services d'assurance

Repères

■ Aujourd'hui en France, 8,3 millions de personnes aident régulièrement un de leurs proches en situation de perte d'autonomie [1]

■ 1,3 million de personnes sont en perte d'autonomie en France, elles seront 1,5 en 2020, et 2,3 en 2060 [2]

■ 60,3% des Français sont favorables à un financement mixte (solidarité nationale + assurance complémentaire) pour financer la perte d'autonomie [3]

■ 84,2% des Français estiment qu'une réforme assurant un financement pérenne de ce risque est nécessaire avant 2022 [3]

■ 67% des Français affichent des résultats positifs en termes de bien-être au travail [4]

■ 11% des élèves inscrits dans le secondaire seraient victimes d'humiliations physiques et verbales [5]

■ 10 Euros c'est le prix minimum moyen à partir duquel on peut souscrire une assurance scolaire [6]

■ 8,5 millions de dossiers traités au niveau de l'assistance en 2015 pour 2,6 milliards de chiffre d'affaires en France en 2015 [7]

■ Pour 88% des Français, Internet constitue le domaine le plus important en termes de litiges. 59% des Français estiment s'exposer au risque d'utilisation frauduleuse de la carte bancaire via l'usage d'internet [8]

■ 74% des Français vont jusqu'à entamer des démarches préventives pour se prémunir des risques liés à Internet, en souscrivant par exemple à des offres d'assurances dédiées [8]

1) Baromètre santé BVA et CNSA, 2014
2) INSEE
3) Baromètre OCIRP-France Info-Le Monde, 2015
4) Baromètre Edenred-Ipsos , 2016
5) Argus de l'Assurance, 2016
6) Economie.gouv.fr, septembre 2016
7) SNSA (Syndicat National des Sociétés d'Assistance), 2016
8) Baromètre Axa Protection Juridique Axa, 2015.

& verbatims

« Le timing ne semble pas nécessairement opportun pour les assureurs Dépendance, malgré une transition démographique évidente, mais une opportunité à saisir dès maintenant pour imaginer de nouvelles offres apparaît, les supports et les moyens en s'associant avec tous les professionnels, industriels inclus, en exploitant les innovations technologiques et les datas pour imaginer des solutions innovantes, voire de rupture. Les assureurs devront donc probablement réinventer une partie de leur métier sur ce sujet majeur de l'accompagnement de la transition démographique ... » explique **Frédérique Cintrat**, Fondatrice d'Assurancielles en février 2015 sur le site **cerclelab**.

« Essentiel Autonomie associe une approche profondément humaine du grand âge et de la dépendance et une innovation digitale pour apporter des services de confiance qui simplifient la vie aux personnes en perte d'autonomie et à celles qui leur apportent de l'aide. Cette première sur le marché s'inscrit dans le fil rouge stratégique d'Humanis : protéger les personnes tout au long de la vie grâce à des solutions innovantes et responsables. » déclare **Jean-Pierre Menanteau**, Directeur Général du groupe Humanis, à propos du **portail Internet d'Humanis Essentielle Autonomie**, dans un communiqué de presse le 28 septembre dernier.

« Malgré les nombreuses questions que posent encore les véhicules autonomes, cela représente une évolution qui aura une grande influence sur le business. » explique **Marc Hengen**, Administrateur délégué de l'Association des Compagnies d'Assurances et de réassurances (Luxembourg) sur **PAPERJAM** le 20 septembre.

« Le dispositif Generali Vitality a été pensé pour répondre à des attentes nouvelles des entreprises et des salariés en termes de bien-être au travail comme d'accompagnement par leur assureur. » précise **Yanick Philippon**, Membre du comité exécutif de Generali France, en charge des assurances collectives sur **L'ADN** en septembre dernier.

Sur le sujet des violences scolaires « *C'est une question qui commence à être sollicitée par les parents,* explique **Edgard Mathias**, Président national de la MAE. *Quand on parle d'assurance, on pense le plus souvent aux dégâts matériels, alors que, dans le cas du racket et du harcèlement, nous sommes plutôt sur des dégâts psychologiques. Il faut du temps pour qu'ils prennent conscience du phénomène.* » a-t-il déclaré dans **les Echos** le 1er septembre dernier.

« *Aujourd'hui, nos maison-mères assureurs vendent de l'assistance avec des services. Demain, nous vendrons des services, et l'assurance viendra après, ce qui nous place au cœur de la stratégie des assureurs, nous deviendrons des sociétés technologiques où l'humain aura une place prépondérante. Nous nous préparons à cette évolution.* » déclare **Antoine Parisi**, Directeur Général d'Europ Assistance en octobre 2015 dans **l'Argus de l'Assurance**.

«*Aujourd'hui, nous assistons des véhicules avec des chauffeurs et des passagers. A l'avenir, il n'y aura sûrement plus que des passagers mais notre cœur de métier existera toujours. Nous nous concentrons donc sur les opportunités que représente le véhicule connecté pour garder une longueur d'avance.* » affirme **Nicolas Géhin**, Responsable de l'univers automobile chez Mondial Assistance au **JDN** le 8 juillet dernier.

« *Désormais, les clients Allianz ont la possibilité, à tout moment, de connaître l'état d'avancement de leur dossier en se rendant dans leur espace dédié sur le site Allianz.fr. C'est une fonctionnalité importante que nous allons progressivement enrichir car la protection juridique est un domaine soumis aux délais de la justice, avec des procédures qui peuvent être parfois très longues. C'est un vrai challenge de rendre accessibles à tous des processus souvent compliqués, afin que le parcours de l'assuré et son expérience soient les plus fluides possible.* » explique **Cyril Leclerc**, Directeur Général Délégué d'Allianz Protection Juridique dans **l'Argus de l'Assurance** en septembre dernier.

Jean-Manuel Kupiec

Directeur Général Adjoint

OCIRP

Vous dites que la « longévité connectée » est au cœur de trois révolutions simultanées à l'œuvre dans notre société. De quoi s'agit-il ?

Permettre au plus grand nombre de vivre plus longtemps, dans de bonnes conditions et si possible à domicile, en utilisant à bon escient les possibilités offertes par le numérique. Cet enjeu, simple en apparence, est au confluent de trois révolutions – ou évolutions : la révolution démographique, la révolution numérique et une révolution plus sociétale.

Sur le plan démographique, le vieillissement de la population française est inéluctable et va s'accentuer – même si la population française continue à croître par ailleurs. Le vieillissement est lié à la montée en âge des générations du baby-boom et à la hausse de l'espérance de vie. En 2015 en France, la proportion des + de 60 ans (24,8%) a dépassé celle des – de 20 ans (24,2%). Beaucoup de « seniors » sont actifs, connectés et en bonne santé. Toutefois, il faut aussi garder à l'esprit que le nombre de personnes âgées de plus de 85 ans va passer de 1,4 à 5 millions et que le nombre de personnes en perte d'autonomie va doubler d'ici à 2060, selon les projections de l'INED.

C'est pour cela que la révolution numérique est prometteuse pour le bien vieillir. Le numérique adapté au vieillissement, ce sont bien sûr les objets connectés, la domotique, l'adaptation du domicile ou du lieu de vie ou encore la téléassistance. Nous avons tous à l'esprit les innovations qui renforcent le confort et la sécurité des personnes âgées (chemin lumineux pour la prévention des chutes, réfrigérateur connecté ...). Il faut aussi citer l'e-santé (la téléconsultation), les interfaces et les réseaux sociaux, la robotique d'assistance .... De nombreuses innovations permettent de répondre à l'aspiration des Français : rester à domicile.

Pour que les révolutions numérique et démographique se rencontrent, il faut encore réussir une autre mutation : celle de l'adaptation de notre société au vieillissement – c'est d'ailleurs le titre de la loi adoptée par le Parlement le 28 décembre 2015. Nous devons faire évoluer le regard sur le vieillissement. Cette loi aurait aussi pu s'appeler : « adaptation de la société à la longévité ». Nous ne devons pas dramatiser la question : le vieillissement est une bonne nouvelle et une société bienveillante pour les plus âgés est plus accueillante pour tous ! Les innovations technologiques ou des initiatives comme le programme « villes amies des aînés » le prouvent. Mais nous ne devons pas non plus nous voiler la face devant les enjeux liés à la fragilité et à la perte d'autonomie.

Comment voyez-vous le développement futur de la Silver économie ? Les assureurs et les Institutions de Prévoyance en particulier ont-ils un rôle majeur à jouer sur cette filière ? Pourquoi ?

Ce que l'on appelle désormais la Silver économie, c'est-à-dire l'ensemble des produits et services liés au vieillissement de la population constitue un marché au potentiel considérable. Les plus de 60 ans auraient des revenus moyens supérieurs de 30% à ceux du reste de la population. Selon le CREDOC, ils assurent en 2015 54% des dépenses sur les différents marchés (64% pour la santé, 56% pour les dépenses d'assurance, 57% pour les loisirs et 58% pour les équipements de la maison).
En réalité, presque tous les secteurs d'activité sont concernés. La silver économie est donc une source de croissance et d'emplois. Selon l'ancienne ministre Michèle Delaunay, elle permettra 0,25 point de PIB supplémentaire, tandis que le rapport d'Anne Lauvergeon, « Innovation 2030 », estime que le marché de la Silver économie pourrait augmenter de 0,81 point de PIB à horizon 2040 pour atteindre 2,4% du PIB. La filière connaît une croissance remarquable de 4% par an et devrait créer, selon la DARES, 300 000 emplois d'ici 2020.
La Silver économie est également bien perçue. Selon *le Baromètre OCIRP Autonomie 2015*, 51,8% des Français ont connaissance de la silver économie (contre 46,6% en 2014) et plus des 3/4 d'entre eux jugent que les objets connectés peuvent favoriser le maintien à domicile.
Pour autant, la Silver économie ne se développera vraiment qu'à certaines conditions. Il faut d'abord que les organisations et les métiers s'adaptent, en particulier à la révolution numérique et à la désintermédiation qu'elle introduit. Notre système de santé, y compris le secteur social et médico-social, doit s'adapter et faire face à la fragilité croissante des générations issues du baby-boom. Il faut aussi du temps pour trouver des modèles économiques efficaces, identifier une offre claire, probablement labellisée et favoriser une demande solvable. La loi relative à l'adaptation de la société au vieillissement pose une première étape dans ce domaine avec une enveloppe pour l'accès aux aides techniques. Les emplois non délocalisables d'aides à domicile, d'auxiliaires de vie doivent être revalorisés en termes de carrières, de conditions de travail et de formation.
Les assureurs et les institutions de prévoyance en particulier ont sûrement un rôle à jouer. D'abord en soutenant l'offre. L'OCIRP, avec d'autres partenaires, (Bpifrance, Klésia, Malakoff Médéric, OCIRP, IRCEM, Harmonie Mutuelle, Réunica, Humanis, AG2R La Mondiale) participe ainsi au fonds sectoriel SISA, créé par Innovation capital (filiale de la Caisse des dépôts), qui soutient les PME innovantes de la Silver économie. Par ailleurs, les groupes de protection sociale peuvent jouer un rôle de

solvabilisation de la demande, par exemple en proposant, dans leurs garanties, un droit de tirage sur les objets connectés. Plus largement, le domaine du « bien vieillir connecté » offre un champ d'innovation considérable aux acteurs de la protection sociale, qu'il s'agisse de la prévention ou du développement de services personnalisés, du rôle de coordonnateur ou encore du lien avec les bénéficiaires, qu'il est essentiel de conserver.

En tant qu'assureur à vocation sociale, avez-vous une conception particulière de la longévité connectée ?

Les groupes de protection sociale paritaires ont à cœur de proposer des garanties accessibles à tous et présentant un haut degré de solidarité. Pour y parvenir, il faut bien sûr être innovant. Nous réfléchissons avec nos partenaires à des problématiques comme celles de la prévention, des proches aidants, des services à la carte. La garantie « Dépendance » de l'OCIRP comprend des services et un volet « aidant » très développés.

La protection sociale complémentaire collective, en particulier au niveau de la branche, permet un accès élargi à des garanties de qualité à travers les mécanismes de mutualisation et de solidarité. Les questions éthiques, notamment liées au respect de la vie privée, au traitement des données doivent être prises en compte, car elles sont le versant problématique du développement du big data.

Enfin, en tant qu'assureur à vocation sociale, l'OCIRP est particulièrement attaché à l'aspect humain. Les objets connectés ne doivent pas être un alibi pour oublier de lutter contre l'isolement des âgés ou pire, pour le renforcer. Ils ne remplacent pas l'accompagnement humain. Au contraire, les technologies numériques nécessitent des actions de formation et d'accompagnement. Ils doivent être un plus pour l'autonomie mais pas un substitut au lien social.

Enfin, nous devons réfléchir à une garantie complémentaire face au risque de perte d'autonomie qui soit toujours plus protectrice, solidaire, transparente et innovante. La loi du 28 décembre 2015 ouvre la voie, avec la mission de réflexion sur le sujet confiée au Haut Conseil de la Famille, de l'Enfance et de l'âge et la concertation annoncée entre les pouvoirs publics et les professionnels.

Catherine Lardy

Directrice Marketing Groupe, en charge de la Transformation Digitale

GROUPE IMA

La révolution numérique fait ou fera probablement évoluer le secteur de l'assurance. Les nouvelles technologies viennent accompagner leurs activités. Ces technologies font également évoluer le métier d'assisteur. Quels seront les principaux bénéfices pour les assurés finaux ?

Dans un monde numérique qui se déploie sur tous les écrans de nos vies, où les interfaces se font naturelles et où la réalité devient virtuelle ou augmentée, plus d'un français sur deux considère que les technologies rendent la vie meilleure. L'avènement de la toile, des smartphones et la multiplication des objets connectés ont entraîné un accroissement exponentiel de la création de données. Rappelons que la quantité de données générées jusqu'en 2003 était de 5 milliards de gigabits et qu'aujourd'hui, cette quantité de données est produite toutes les 24 heures ! L'homme moderne est ultra-connecté : les nouvelles technologies font partie de son quotidien et nos services doivent prendre en compte cette tendance.

La révolution numérique est déjà une révolution de process pour l'assistance : la digitalisation nous permet d'être efficients, d'optimiser nos missions en matière de performance et de coûts. L'assistance est un des moments de l'enchantement clients, on parle souvent de « l'effet Zorro » de notre métier et il est clair que ZORRO est désormais connecté, géolocalisé, apprécié et ranké !

Mais en tant qu'assisteur, nous pensons que la révolution numérique est aussi et surtout une révolution humaine car la technologie seule ne sert à rien. S'il faut répondre toujours mieux, toujours plus vite, et sur tous les canaux, il ne faut jamais oublier que la capacité à rassurer, sécuriser, aider est avant tout la vocation de nos chargés d'assistance.

Nous avons ainsi développé des services d'assistance connectés mêlant humain et technologie : notre application « MX Assistance » propose un contact instantané avec nos chargés d'assistance, notre dispositif « SECUR&MAPS » permet aux expatriés de garder le contact avec leur entreprise lors de leur mission à l'étranger tout en leur offrant la possibilité, via un bouton dédié, de contacter l'assistance en un seul geste. Depuis peu également, nous avons lancé un service inédit sur le marché, permettant à nos bénéficiaires d'être assistés sur autoroute, sans bouger de leur voiture !

Les nouvelles technologies nous ont ouvert le champ des possibles et nous apportent la matière pour pouvoir innover. Pour ne citer qu'un seul projet phare, la refonte de notre SIG (service d'information géographique) nous a permis de faciliter la mise à jour des données géographiques, comme les nouveaux axes routiers, les changements de sens de circulation… Aujourd'hui, nous avons la possibilité de localiser très précisément nos bénéficiaires et donc d'intervenir encore plus rapidement. Finalement, dans une situation de détresse, le bénéfice n'est plus à démontrer.

Avec les progrès de la technologie et en particulier des robots humanoïdes, la robotique d'assistance devient une solution supplémentaire pour assister les personnes âgées, fragilisées à leur domicile dans les tâches quotidiennes. Qu'en pensez-vous ? Et surtout un assisteur doit-il s'engager dans la robotique d'assistance ? Est-ce une solution à privilégier dans l'avenir et à intégrer dans l'offre à destination de vos clients ?

La montée en puissance de la robotique, et plus largement des objets connectés, est une réalité que nous ne pouvons pas ignorer. Le monde de l'assistance est le reflet des comportements de consommation et des tendances de fond de la société, on en parle comme d'un laboratoire sociétal, aussi nous nous devons donc d'avancer à son rythme. Les expérimentations d'aujourd'hui sont les perspectives de demain.
Au sein du Groupe IMA, nous pensons que ces technologies, et en particulier celles autour de la robotique nous permettront demain de faire de l'assistance à « chaleur ajoutée ».
Avec notre client Intériale et l'hôpital BROCA de l'APHP nous avons d'ailleurs participé à un projet mêlant social, médical et technologie qui nous a offert la possibilité de tester la complémentarité entre nos services et plateformes de réception d'appels et le robot Kompaï de la startup Robosoft avec un objectif commun : favoriser et sécuriser le maintien à domicile des seniors et lutter contre l'isolement.
Ce projet s'est réellement inscrit dans notre dynamique d'innovation visant à développer, sur l'ensemble de nos domaines d'assistance, des outils de pointe dans les secteurs de la domotique, de la e-santé et de la mobilité connectée. IMA est un pionnier dans ce type d'expérimentation pour pouvoir imaginer et mettre en œuvre la chaîne de services de demain. En effet, les robots, s'ils trouvent écho vis-à-vis des problématiques actuelles, ouvrent de nombreuses perspectives : centraliser les capteurs dans la maison pour augmenter la sécurité des personnes à leur domicile, prévenir les secours en cas de début d'incendie, d'inondation, de coupure d'électricité ou de fuite de gaz, prévenir les secours en cas de chute, de malaise ou d'inactivité prolongée. Même s'ils ne remplaceront jamais la relation humaine, ils apporteront présence et sécurité à tout instant dans la maison. Et peut-être un jour deviendront-ils les « anges gardiens » du domicile, veillant au quotidien sur les personnes fragiles et rassurant les aidants par leur présence.

L'apport des nouvelles technologies transforme, amplifie les actions de prévention et d'accompagnement des Français dans leur quotidien. Est-ce que cela, selon vous, peut impacter les services proposés par les assisteurs ? Et d'un point de vue général, comment voyez-vous l'assisteur ou l'assistance de demain ?

L'urgence est bien évidemment le cœur de métier de l'assisteur. « Est » ou devrais-je dire « était ». L'essor de la technologie et de la digitalisation nous a apporté une véritable capacité à intervenir rapidement et depuis peu, à anticiper : l'urgence des uns devient la prévention des autres.

La technologie nous a permis de développer des innovations pour être toujours force de propositions pour nos clients et nos bénéficiaires. En effet, l'efficience des dispositifs nous offre la possibilité d'intervenir avant et non plus seulement après une situation difficile. Prenons comme exemple notre nouveau service « Assistance Géolocalisée Autoroute », qui propose un service d'assistance couplé à un service de prévention. Il permet aux automobilistes d'informer les secours de leur panne sans sortir du véhicule et ce grâce à un contact direct avec nos plateaux d'assistance. Rappelons que la présence de piétons sur l'autoroute provoque plus de 14% d'accidents mortels et que 26% des piétons se trouvant sur la bande d'arrêt d'urgence sont tués chaque année. S'il est indéniable que nous apportons un service inédit et sécurisant à nos bénéficiaires, ce dispositif intervient également en prévention pour tous les usagers de l'autoroute, notamment grâce à la liaison instantanée entre IMA et Info Trafic.

L'application pour les expatriés Secur&maps est un autre exemple de nos dispositifs connectés. Si elle propose un contact instantané avec l'assistance, elle agit aussi comme un outil de prévention et un canal de communication efficace entre l'expatrié et les risks managers. En effet, en cas d'événement sur zone (tsunami, attentat, épidémie...), le dispositif permet au collaborateur de prévenir non seulement son entreprise, mais aussi les autres expatriés sur place.

Enfin en santé nous travaillons sur un programme e-santé qui permettra à nos bénéficiaires d'être aidés lors d'événements comme une hospitalisation par exemple mais aussi tout au long de son parcours de vie et lors de moments clefs comme une grossesse, une naissance, un accompagnement au rôle d'aidants ou encore le passage à la retraite.

La façon de rendre nos services et de converser avec nos clients évolue également et, nous devons être en capacité de répondre tout autant à des sollicitations via les réseaux sociaux, des applications ou le téléphone et bien sûr d'étudier tous les modèles transactionnels comme par exemple les chatbots, la blockchain,... .

La prévention prendra nécessairement une place importante dans l'assistance de demain. Il est certain cependant qu'elle remet un peu en question notre métier qui consistait, jusqu'à présent, à intervenir à l'instant précis de l'événement perturbateur. Aujourd'hui, les évolutions technologiques nous offrent la possibilité d'intervenir toujours plus rapidement, mais également en amont, notamment avec des services de prévention.
Ces nouvelles technologies nous donnent de réelles opportunités de nous investir plus largement dans la relation avec le bénéficiaire, en anticipant les situations difficiles grâce à des outils et services permettant l'accompagnement du quotidien.
Aujourd'hui la voiture autonome se démocratise, la réalité virtuelle s'invite chez les particuliers et les drones rendent des services ! Ils font tous partie de notre quotidien et sont de formidables impulseurs de solutions innovantes.
Autant de technologies qui devront s'accompagner de plateformes de services, plateformes que sont déjà les sociétés d'assistance.

Michel Maltret

Directeur Général Délégué

MAE

Le marché français, la part des contrats d'assurance souscrits entièrement en ligne reste assez faible (environ 5%). Pensez-vous qu'avec le développement des outils digitaux (sites web pour souscrire en ligne, comparateurs, réseaux sociaux...) le marché de la souscription en ligne va croître significativement dans les prochaines années de manière générale et plus particulièrement concernant l'assurance scolaire ?

En 2016, Internet est déjà bien intégré dans les familles ; dans le domaine de l'assurance, il constitue un outil de recherche du meilleur contrat au meilleur prix, notamment avec les comparateurs d'assurance. Les réseaux sociaux et les blogs, permettent également aux internautes de recueillir des informations et avis d'autres consommateurs sur les produits et services proposés. Ce moment de recherche est déterminant pour les marques, c'est ici que la stratégie digitale doit s'opérer. Reste l'enjeu de la transformation en ligne, une fois que le choix de l'internaute s'est porté sur votre marque.

Les outils mis à disposition des internautes aujourd'hui sur les sites internet du secteur Banque Assurance sont de plus en plus riches, performants et surtout rassurants pour le consommateur. La sécurisation du paiement en ligne, la signature électronique, favorisent et garantissent la contractualisation en ligne.

A la MAE, les internautes peuvent souscrire une Assurance Scolaire en ligne depuis la rentrée 2005. Cela fait donc plus de 10 ans que nous exploitons ce canal d'adhésion et que nous bénéficions de ses performances. Les cotisations annuelles pour une Assurance scolaire MAE représentent des petits montants puisqu'elles varient d'une dizaine à une quarantaine d'euro par an. Ce qui facilite la vente en ligne.

Aujourd'hui, à la rentrée, plus de 40% des contrats d'Assurances Scolaire et extrascolaire MAE sont souscrits par internet. Sur ces contrats nous observons une augmentation constante des souscriptions, de l'ordre de 9 % l'an qui devrait se poursuivre dans les années à venir. Les adhésions via les mobiles enregistrent elles aussi des taux de croissance à deux chiffres. Pour nos autres contrats, Habitation et Famille, la progression annuelle des souscriptions est d'environ 5% et représente à ce jour près de 20% de notre portefeuille. Par ailleurs, notre site internet ne doit plus seulement être un canal de vente, mais aussi un outil relationnel, au service de l'adhérent. Placer l'utilisateur au centre de nos préoccupations nous permet de lui apporter le maximum de satisfaction dans la relation qu'il entend entretenir avec nous. A titre d'exemple, nous avons ouvert en 2016 la déclaration de sinistre sur notre site. Ainsi nous souhaitons fidéliser nos adhérents, plus particulièrement les jeunes parents issus de la génération Y et pouvons espérer également bénéficier d'un « bruit » favorable sur la toile.

L'assurance scolaire garantit les dommages causés ou subis par les enfants scolarisés. Elle comporte une garantie responsabilité civile (dommages causés) et une garantie accident corporel (dommages subis). Il est souvent évoqué que l'assurance scolaire fait doublon avec certaines garanties contenues dans l'assurance habitation comme la responsabilité civile. Qu'en pensez-vous ? Et d'un point de vue général, l'assurance scolaire doit-elle évoluer, se différencier ?

Rappelons tout d'abord que l'assurance scolaire comporte obligatoirement la Responsabilité Civile et la protection Individuelle Corporelle. L'assurance habitation ne comporte, quant à elle, que la Responsabilité Civile. Il pourrait y avoir doublon... Cependant, la MAE offre un avantage non négligeable : en cas de sinistre, aucune franchise n'est appliquée. Les parents sont donc remboursés dès le premier euro dépensé. Le plus souvent, avec une assurance habitation, la franchise est d'environ 130 Euros. Ce qui signifie qu'en cas d'accident, les sinistres inférieurs à 130 Euros ne sont pas remboursés aux parents. Ce montant reste donc à leur charge.
De plus, avec la protection Individuelle Corporelle, l'enfant est protégé s'il est victime d'un accident avec ou sans tiers responsable identifié (8 cas sur 10). L'assurance scolaire protège donc intégralement l'enfant durant ses activités scolaires, péri-scolaires et sur le trajet école-domicile. L'assurance scolaire doit en effet évoluer pour répondre aux besoins et aux demandes des adhérents et à l'évolution de la société. À l'écoute de ses adhérents et du monde éducatif dont elle est un partenaire historique, la MAE intègre régulièrement de nouvelles garanties.

En 2016, la MAE est récompensée par le Trophée de l'Innovation Profidéo pour sa garantie « soutien psychologique en cas de cyberharcèlement » (5 consultations jusqu'à 40 Euros chacune, dispensées par un médecin psychiatre, un psychologue ou un psychanalyste). Cette garantie a été identifiée comme la première réponse assurantielle à un problème de société qui touche de plus en plus d'enfants.
Dès 2015, nous avions souhaité prendre en compte les phénomènes de violence liés au web en proposant un accès illimité à un service téléphonique d'informations juridiques sur l'e-réputation. Nous avons donc renforcé l'Assurance Scolaire MAE, en apportant des réponses aux parents ou jeunes adultes sur les démarches à suivre en cas d'atteinte à l'image sur Internet, y compris sur les réseaux sociaux, les forums ou les blogs.
Précurseur en assurance scolaire, la MAE avait intégré, dès 2001, la garantie « Soutien psychologique en cas d'agression ou de racket ». Vous le constatez, contrairement à une MRH, un contrat d'Assurance scolaire, donc dédié, permet d'adapter

plus facilement des garanties très ciblées.

Historiquement, le marché de l'assurance scolaire était centralisé autour de quelques acteurs, comme la MAE. Aujourd'hui, l'assurance scolaire semble être considérée par certains comme d'un produit d'appel. Quelle est votre vision du marché de l'assurance scolaire dans l'avenir ?

L'avenir du marché de l'assurance scolaire résidera dans sa capacité à innover et à proposer de nouveaux services en adéquation avec les évolutions de l'environnement scolaire et familial. Effectivement, certains acteurs positionnent l'Assurance scolaire comme un produit d'appel, mettant en avant un prix dans le but de vendre aux parents par la suite d'autres contrats. Cette stratégie conduit à proposer des protections a minima qui ne peuvent s'adapter aux exigences de l'Education nationale comme par exemple la réforme des rythmes scolaires ou encore la prise en compte des nouveaux supports d'apprentissage tels que les tablettes ou ordinateurs.

La révolution numérique peut concourir à marquer la spécificité de l'assurance scolaire et à lutter contre sa banalisation ; de nouvelles applications dédiées à la communauté de parents vont voir le jour ou s'affirmer comme l'aide aux devoirs mutualisée, l'accompagnement des enfants à l'école, l'échange de fournitures scolaires, la vie des établissements, les menus à la cantine, l'organisation des gouters, anniversaires, le suivi de la vie social des enfants sur le web... Les objets connectés dédiés aux enfants peuvent être également imaginés. Le digital facilite également la mise en œuvre d'une politique de prévention pour les personnes comme pour les biens, les avancées en matière d'e-santé sont immenses. Ainsi, au-delà de la prise en charge du risque, l'assurance doit se diriger vers une anticipation de celui-ci par la prévention et l'accompagnement.

En réponse aux transformations de notre société, et à l'heure du collaboratif et de l'économie du partage qui mieux qu'une mutuelle, fondée sur des valeurs solidaires, est légitime ?

Hervé Massié

Directeur Commercial, Marketing & de la Distribution

Solucia Protection Juridique

Dans notre société, de plus en plus digitale, l'immédiateté et la rapidité sont considérés comme des éléments essentiels du parcours client. L'assuré veut avoir une réponse à sa question, le plus rapidement possible. Dans ce contexte, comment doivent évoluer les services proposés par les acteurs de la protection juridique ?

Les assureurs en protection juridique sont face à une double problématique. D'une part, **la résolution des litiges** s'inscrit dans un environnement où traditionnellement les **procédures sont longues, complexes et coûteuses**. D'une manière générale, le marché a œuvré pour privilégier une gestion amiable des dossiers. Toutefois dans les faits, les démarches et les procédures conduisent à des délais de résolutions souvent incohérents avec les attentes des clients. Un particulier qui fait face à un litige nécessitant « un recours traditionnel », attend en moyenne 9 mois pour faire valoir ses droits et obtenir réparation de son préjudice.

D'autre part, **les attentes des assurés résident davantage dans le résultat** du litige confié que dans les moyens mis en œuvre par les assureurs. Cela conduit à une exigence de la clientèle qui va au-delà de l'esprit du contrat.

Ainsi, notre réactivité, les informations que nous leur transmettons et la vulgarisation de notre discours sont des éléments essentiels pour les satisfaire pleinement. Les acteurs de la protection juridique doivent parallèlement : **repenser leur process de gestion, impliquer les équipes juridiques** en les fédérant autour de **l'obsession du résultat et faire évoluer leurs modes de communication**.

Une gestion interne réduisant au maximum les « échanges papier » entre les différentes parties, conjuguée à **des relations plus opérationnelles et dématérialisées** avec nos partenaires (experts, avocats et huissiers) accroitront l'efficacité de la gestion et viseront à garantir la réactivité que le client est en droit d'attendre. Par ailleurs, pour piloter cette relation client, le juriste dont le métier évolue constamment, cherchera en permanence à **respecter la promesse client** et pourra être amené à être objectivé sur le résultat du dossier.

Enfin, dans cette nouvelle ère où les assurés attendent des **réponses rapides et quasi instantanées**, les acteurs ont tout intérêt à **s'inspirer des usages de la vie courante**, des **nouveaux modes de communication**. Ils devront pour cela intégrer les outils devenus omniprésents dans nos vies, qui ont changé notre perception du temps et qui nous ont aussi rendus plus impatients : chat, visioconférence, messagerie instantanée, applications smartphone et réseaux sociaux.

Les consommateurs d'une manière générale ont pris l'habitude d'être sollicités avant même d'avoir à se renseigner. Les acteurs devront **anticiper ces besoins et transmettre les informations en temps réel**. Alerter le client à chaque étape par l'envoi de notification et lui offrir un fil d'actualité sur son dossier sont là des services incontournables du parcours client. « Mon assureur à portée de main », voici la promesse que devront tenir tous les acteurs de la protection juridique du futur.

Traditionnellement, l'assurance protection juridique couvrait des risques liés à des recouvrements de créance ou des litiges souvent liés au droit de la famille... Avec la digitalisation de la société, les Français sont exposés à l'explosion de nouveaux risques, les cyber-risques : atteinte à la e-réputation, utilisation frauduleuse des moyens de paiement en ligne, usurpation d'identité sur le web,... . Pensez-vous que les Français seront de plus en plus appétents à se protéger contre ce type de risque ? La protection Juridique est-elle une des réponses possible ?

En 2014, la fraude sur Internet a atteint 153 millions d'Euros. Les paiements à distance, qui ne représentent que 11,6% de la valeur des transactions domestiques, comptent pour plus de 66,5% du montant de la fraude selon l'Observatoire de la sécurité des cartes de paiement (2015).
Avec 700 millions de transactions en ligne en 2015, ce sont plus de 34 millions de français qui achètent sur internet soit 79% des internautes (Source : chiffres clés 2015, FEVAD).
Au regard de ces chiffres et de l'évolution des modes de consommation, l'apparition de nouveaux risques était prévisible et les acteurs de protection juridique ont su rapidement s'adapter à la gestion des cyber-risques.
La protection juridique telle que présentée dans son offre standard couvre d'ores et déjà les problématiques liées à l'atteinte de la réputation sur internet ou encore l'usurpation d'identité et l'utilisation frauduleuse des moyens de paiement. A ce jour beaucoup de contrats prévoient la prise en charge des frais de justice devant une juridiction pénale suite à un dépôt de plainte mais est-ce suffisant ? Par ailleurs, quand on sait que chaque minute, 527 760 photos sont échangées sur Snapchat et 38 194 sur Instagram, Les consommateurs n'ont pas fini d'être confrontés à l'ensemble de ces cyber-risques.
Pour compléter les garanties de protection juridique existantes, Solucia Protection Juridique propose des prestations de services complémentaires : nettoyage des données en vue de leur disparition sur la toile, indemnités compensatrices en cas d'usurpation des moyens de paiement, assistance psychologique en cas de divulgation d'image portant atteinte à l'intégrité de l'assuré ou encore des ateliers de prévention visant à anticiper les risques et à avoir les bons réflexes pour se protéger. Si les entreprises sont aujourd'hui plus sensibilisées à ce risque que

les clients particuliers, les années qui viennent vont sans nul doute inverser cette tendance.

Pensez-vous que les solutions de protection juridique soient amenées à évoluer ? Pourquoi ? Comment ? Dans quels délais ?

La protection juridique traditionnelle deviendra à terme accessoire au contrat d'assurance. Ce contrat intégrera des prestations d'assistance et de services à forte valeur perçue qui dépasseront l'univers pur du juridique. Par exemple, Solucia Protection Juridique a mis en place Confort de Vie +, un service exclusif de conciergerie juridique et pratique cette nouvelle forme d'assistance administrative et patrimoniale simplifie la vie de nos assurés en la déchargeant au maximum de toutes les démarches fastidieuses de la vie courante. Nous devrons également répondre à des nouveaux besoins de la clientèle qui cherche une réponse immédiate à une problématique ponctuelle sans pour autant être couvert par un contrat de protection juridique (concept du « Pay what you need »). Cela passera par de la prestation de service en collaboration avec nos partenaires avocats, que nous devons mettre à disposition de cette typologie de clientèle. L'évolution sera également technologique. Elle s'appuiera sur une distribution via le web autant sur les produits d'assurances que sur les produits de services. Elle passera aussi inévitablement par de l'outillage digital qui rationalisera la relation avec le client. Ce dispositif garantira l'intégrité de l'information fournie, structurera la démarche d'assistance du client et pilotera l'ensemble des procédures et autres relations avec les auxiliaires de justice.

Jean-Pierre Wiedmer

Président

Mercer France

Denis Campana

Directeur Général

Mercer France

Concernant la Qualité de Vie au Travail, le « courtier-conseil » a-t-il une vision spécifique ? Peut-il jouer un rôle dans son amélioration, si oui lequel ?

Santé et prévoyance, retraite, rémunération, mobilité internationale, organisation : MERCER intervient sur tous ces paramètres qui contribuent à la Qualité de Vie au Travail du salarié. Nous ne sommes pas seulement un courtier, capable de déterminer un mieux disant en termes de prix et de prestation mais nous sommes fondamentalement un conseil RH, c'est en cela que nous nous définissons comme Catalyseur de l'Engagement Humain. En tant que tel, nous sommes effectivement porteurs d'une vision spécifique de la Qualité de Vie au Travail qui va au-delà de la seule logique d'assurance.

Notre mission consiste à aider l'entreprise à concevoir un écosystème lui permettant d'attirer, de motiver et de conserver les talents, étant entendu que ces « talents » sont pluriels et forment la dimension collective de l'entreprise. Faire de ce collectif un organisme ressource bénéficiant à chacun et favoriser l'engagement, constituent des objectifs intrinsèquement liés à la Qualité de Vie au Travail.

Le courtage évolue aujourd'hui vers, à la fois, l'agrégation de services (santé, prévoyance, prévention...), mais également l'accompagnement Conseil ; l'inclusion de ces deux dimensions au sein de la même structure nous donnant tous les moyens nécessaires au bon accomplissement de cette mission.

En effet, nous disposons, à la fois, de la maîtrise des éléments techniques et financiers et de l'intelligence de leurs usages en relation avec les enjeux stratégiques de nos clients.

La Qualité de Vie au Travail reste-t-elle, en France, un sujet théorique ou correspond-elle à de véritables pratiques ?

La thématique de la Qualité de Vie au Travail est effectivement connue et débattue. Certaines entreprises ont, par exemple, récemment nommé des responsables ad hoc et l'évolution des obligations légales (via notamment la négociation annuelle obligatoire sur la Qualité de Vie au Travail) a également renforcé l'attention portée au sujet. Toutefois sa mise en œuvre demeure encore imparfaite, notamment parce qu'elle dépend de la qualité du dialogue social, des outils et de l'organisation, au sein des entreprises, mais aussi parce que la Qualité de Vie au Travail est parfois occultée par d'autres préoccupations, à commencer par la mise en place des règles liées à la pénibilité ou encore les sujets de protection de la santé.

La Qualité de Vie au Travail peut par conséquent être, à tort, considérée comme un sujet « qualitatif » éloigné du business de l'entreprise et finalement contingent.

La mise en pratique de la Qualité de Vie au Travail demeure donc une thématique

émergente, et ce d'autant qu'elle englobe des notions très différentes (conditions générales d'emploi et de travail, contenu et paramètres spécifiques des missions, capacité d'expression et d'action) dont l'appréciation peut être très variable. Les nouvelles générations sont très sensibles à l'équilibre entre vie professionnelle et vie privée mais aussi à leur degré d'autonomie dans l'exercice de leurs fonctions. De même, les attentes évoluent beaucoup en fonction des situations familiales et de l'âge. Le demande d'information sur les pratiques favorables au bien-être, y compris au-delà du périmètre strict de l'activité professionnelle, est également forte.
De manière plus générale, le développement des nouveaux moyens de communication et des nouvelles mobilités, introduisent des possibilités de flexibilité qui modifient la réalité et la perception de l'organisation du travail. Nos désirs et nos attentes se trouvent de fait remodelés par ces évolutions ; la configuration même de nos espaces de travail s'est considérablement modifiée et cette approche, mêlant santé et bien-être, est devenue, là aussi, un élément d'appréciation de la Qualité de Vie au Travail.
L'attention à la Qualité de Vie au Travail résulte d'une prise en compte grandissante des risques psychosociaux. La prévention de l'absentéisme en constitue aussi l'un des corolaires. Il s'agit d'ailleurs d'une thématique essentielle pour Mercer car, en tant que gestionnaire du risque prévoyance, nous disposons de nombreuses données nous conduisant à construire un partenariat avec la société Technologia, spécialiste de la prévention des risques et de la santé-sécurité au travail avec l'ambition de permettre aux entreprises d'optimiser à la fois leur performance sociale et économique. Le lien entre la Qualité de Vie au Travail, le degré de satisfaction, d'engagement et d'efficience, est désormais reconnu et partagé. L'intérêt bien compris des entreprises devrait les conduire de manière grandissante à être attentives à ce levier de performance.

Le « pilotage » de la Qualité de Vie au Travail est-il possible ? Quels exemples pouvez-vous en donner ?

Notre partenariat constitue un bon exemple de pilotage possible et efficace de la Qualité de Vie au Travail. Ce pilotage s'effectue notamment via deux outils : une cartographie suivie de propositions de mise en œuvre de plans d'actions. Il est particulièrement intéressant de lier l'analyse quantitative et statistique, à une matrice qualitative descriptive de la Qualité de Vie au Travail.
Ainsi, la recherche des causes de l'absentéisme est plurifactorielle et mêle, concernant les raisons directement professionnelles, des éléments à la fois qualitatifs (organisation, charge mais aussi valeurs, sens) et quantitatifs. Il est ici important de

donner à tous les acteurs de l'entreprise une vision « objectivée » et partagée, qui ne soit pas réduite à des situations particulières et individuelles et qui puisse fonder l'action. Il s'agit de visualiser toutes les dimensions du travail, les facteurs de risques comme d'ailleurs les facteurs de soutien ou de compensation, et de construire les indicateurs de pilotage correspondants. Au-delà de la mesure réalisée à un instant T par ces indicateurs, ce qui est important c'est de comprendre les causes et la genèse du résultat mesuré. Symétriquement, son évolution se révèlera particulièrement importante afin d'évaluer, via des baromètres récurrents, l'efficacité des actions entreprises.

Il est à noter que les questions de culture d'entreprise et de valeurs, mais aussi de sens et de qualité, sont de plus en plus importantes. Sachant que la Qualité de Vie au Travail ne correspond pas à une appréciation absolue mais plutôt à un rapport, à une compensation dynamique entre des facteurs positifs et d'autres plus dégradés. L'innovation du logiciel IRIS, que Technologia a développé, et que Mercer propose à ses clients, étant justement de permettre de comprendre sur quels facteurs faire porter l'action en priorité.

Mercer a pris l'initiative de s'appliquer à lui-même l'exigence de mesures et de pilotage de la Qualité de Vie au Travail. Nous réalisons régulièrement des enquêtes internes permettant de mesurer le niveau de bien-être et d'engagement de nos collaborateurs. Nous avons également testé en interne plusieurs des services, produits et outils que nous proposons à nos clients. A titre d'exemple, nous avons d'abord appliqué à l'échelle de l'entreprise les dispositifs que nous pouvons préconiser en matière de prévention des maladies cardio-vasculaires et il est particulièrement intéressant d'observer, en amont, la manière dont les salariés s'emparent concrètement (ou non) de l'offre préalablement conçue et imaginée.

VIII - FOCUS :
disrupter
son modèle

Repères

■ Pour 23% des Français, l'assurance est un secteur concerné par l'uberisation et vient donc ainsi en 7ème position des secteurs « uberisables » après le transport, l'hôtellerie, la distribution, la banque-finance, les télécoms, les médias [1]

■ Pour 64% des Français considère l'uberisation comme une bonne chose [1]

■ 74% des assureurs traditionnels se préparent à une révolution du secteur de l'assurance dans les 5 ans à venir [2]

1) Etude Harris Interactive de février 2016
2) Etude du cabinet PwC, 2016.

& verbatims

« L'uberisation est présente sur tous les secteurs et pans de l'économie. De fait, le secteur de l'assurance est en profonde mutation. Chaque acteur du marché doit repenser et réinventer son métier, son rapport à ses clients, à ses salariés et surtout son business model. Et chacun doit engager sa transformation profonde sous peine de disparaître... » déclare **Nelly Brossard**, Directrice Marketing de la MAIF le 18 septembre dernier sur le site des **Trophées de l'Assurance**.

« Les assureurs ont longtemps travaillé seuls. Maintenant, ils doivent s'associer à des entreprises des télécoms ou avec les GAFA [Google, Amazon, Facebook, Apple]. » précise **Thomas Buberl**, Directeur Général du Groupe AXA dans le **MONDE ECONOMIE** du 21 juin 2016.

« Il faut se préparer activement, et la MAIF est plutôt dans le peloton de tête. Une menace, cette révolution ? Oui, car de nouveaux acteurs peuvent désormais facilement entrer sur le marché. Mais c'est aussi une opportunité : l'occasion nous est donnée à nous aussi d'exercer de nouveaux métiers, de rendre à nos sociétaires des services en dehors de l'assurance. Ça nous oblige à réinventer notre métier et à être hyperinventif. Mais il faut être très rapide : tout s'accélère très vite. » évoque **Pascal Demurger**, Directeur Général du Groupe MAIF dans **la Nouvelle République** en février dernier.

« L'assurance, qui est généralement peu réceptive aux changements, est en train de vivre l'arrivée en force de la blockchain, une véritable rupture. Les sociétés d'assurances doivent aujourd'hui être capables de s'adapter à ces technologies émergentes, au risque de se laisser distancer. » déclare **Pierre-Olivier Desaulle**, Directeur Général Europe Hiscox sur le site **generation-nt-com** en avril dernier.

« Là, la disruption est globale, pour la règlementation comme le digital. C'est nouveau, ça n'arrivera pas deux fois, et il faut en profiter. Notre métier se réinvente sous l'effet de cette révolution digitale qui est tirée par le marché et permise par la technologie. Les consommateurs bouleversent eux-mêmes le marché avec des usages et des attentes nouvelles, que la technologie facilite et encourage. » prévient **Jacques Richier**, Président Directeur Général d'Allianz France lors **du colloque Nouvelles compétences, nouveaux métiers : l'actuariat au cœur des transformations** de juin 2015.

Claude Chèvre

Member of the Executive Board

Hannover Re

En tant que réassureur mondial, vous soutenez des initiatives numériques à travers tous les continents. Ces initiatives vont de l'accélération des process (dématérialisation,...) permettant des souscriptions en quelques minutes pour des garanties très complexes, à de la gestion efficiente de la relation client, grâce à des datas clients, et permettant des ajustements des contrats après souscription. Quels sont selon vous les grands gagnants de ces apports technologiques ?

A mon avis c'est tout le secteur de l'assurance qui va en bénéficier en commençant évidemment par les consommateurs dont le comportement a fortement changé pendant ces dernières années. Aujourd'hui le consommateur est à la recherche d'un organisme d'assurance moderne, accessible à tout moment par le canal de son choix et offrant des produits à la fois intéressants et simples à acheter, avec le meilleur rapport qualité prix. Le consommateur privilégie en général un organisme d'assurance avec lequel il peut s'identifier et partager ses valeurs. En plus il s'attend à une expérience similaire à laquelle il est habitué quand il achète des produits de grande consommation : rapidité, flexibilité, transparence. Les organismes qui savent répondre à ses attentes seront les grands gagnants, les autres vont peu à peu disparaitre car ils ne sauront pas attirer de nouveaux clients, ni même garder leurs clients actuels.

En tant que dirigeant d'un groupe international, quels constats faites-vous de la performance « digitale » des assureurs en France. Avons-nous du retard, de l'avance en ce domaine ?

Je pense que la situation en France est comparable à la plupart des autres marchés européens à l'exception de l'Angleterre et des Pays-Bas qui sont sans doute plus avancés. A quelques exceptions près, les assureurs sont très en retard, soit parce qu'ils ont d'autres priorités comme par exemple solvabilité II ou encore les taux d'intérêts bas (comme en Allemagne), soit parce qu'ils ne veulent pas admettre que les consommateurs ont fortement changé. Il y a encore beaucoup trop de processus manuels qui pourraient être automatisés et rendus plus efficaces, mais cela demande un effort et un investissement supplémentaire et surtout aussi le courage de remettre en question ce qu'on a fait et avec beaucoup de succès pendant des décennies. Ce n'est définitivement pas simple.
L'Afrique du Sud est certainement l'un des pays les plus avancés en matière de digitalisation dans le secteur de l'assurance. Chaque fois que je visite nos clients dans ce marché je repars avec plusieurs nouvelles idées. Nous organisons aussi régulièrement des rencontres de nos dirigeants du monde entier en Afrique du Sud

afin de leur montrer ce qui aujourd'hui est déjà possible - c'est pour tous comme une bouffée d'air, de l'oxygène dans le moteur. Et parce que les compagnies d'assurance sont connues pour être innovatrices, elles sont aussi capables de recruter des jeunes avec un esprit créatif. C'est franchement beaucoup plus difficile en Europe où la plupart des compagnies d'assurances ont, à juste titre, une image extrêmement conservatrice.

Au sein d'Hannover Re, vous avez pris une initiative majeure en décidant de lancer un projet de compagnie de réassurance, vous appartenant à 100%, et ayant pour objectif de « disrupter » votre modèle. Pouvez-vous nous expliquer pourquoi et dans quel contexte avez-vous pris cette décision ? Et pouvez-vous concrètement nous parler de l'organisation ce projet ?

L'idée est née lors d'une réunion de trois jours où nous avons rassemblé une cinquantaine de nos dirigeants du premier niveau venant du monde entier. Nous nous sommes posés la question comment passer des innovations linéaires, c'est-à-dire des petites améliorations de tous les jours, à de vraies innovations qui seraient des vrais « game changer ». Nous avons dû constater qu'il est très difficile, sinon presque impossible, de réaliser ceci avec nos propres employés uniquement. C'est alors que nous avons décidé de lancer un projet, j'avoue, quelque part extrême, qui consiste à recruter 24 « millennials » du monde entier pendant six mois, de commencer par leur apprendre ce qu'est la réassurance, notre modèle et pourquoi nous avons tant de succès, de former huit groupes de trois. Et finalement de demander à chaque groupe de nous présenter un business plan pour une nouvelle compagnie de réassurance qui aura comme but de nous « disrupter », c'est-à-dire de casser notre propre modèle. Si parmi les idées il y en a une suffisamment « disruptive », nous allons lancer cette nouvelle réassurance, parce que nous préférons nous faire « disrupter » par quelqu'un qui nous appartient plutôt que par nos concurrents ; sinon il y aura certainement l'une ou l'autre des idées que nous pourrons implémenter directement en interne. Nous sommes tous très curieux de voir les propositions de ces « millennials » !

Florence Tondu-Mélique

Directeur Général Opérationnel en charge de l'Europe

Hiscox

Hiscox est une vieille dame - plus que centenaire - de l'assurance, qui a su traverser les époques et les révolutions : quels sont selon votre expérience les facteurs de risque de disruption pour le secteur de l'assurance ?

Sans tomber dans les expressions et tendances à la mode, il est un fait évident et constaté par tous les acteurs historiques du secteur : l'assurance sera une des prochaines industries à être « disruptée ».

Le progrès technologique et son impact sur les comportements nous ont fait entrer dans l'ère de la troisième révolution industrielle. Celle-ci transforme potentiellement et en profondeur tous les business models, les forçant à se réinventer. Uber n'a pas seulement développé une application mobile de mise en relation de conducteurs et d'utilisateurs mais a bien bouleversé un secteur tout entier.

L'assurance ne fera pas exception. Le nombre croissant d'innovations technologiques, en particulier le digital, les objets connectés, l'intelligence artificielle, et la robotique, sont à la fois en train de révolutionner le cœur de métier mais aussi de faire tomber un certain nombre de barrières à l'entrée d'un secteur attractif.

Cette mutation, qui est déjà enclenchée depuis quelques années, frappe en particulier deux maillons de la chaîne de valeur des assureurs. Nous sommes en effet attaqués dans notre expertise technique, la science des risques, et dans la relation client, avec l'émergence d'un phénomène d'intermédiation. A cet égard, on peut citer The Climate Corporation, qui a développé un algorithme puissant permettant de prédire le risque climatique en temps réel et offre des solutions d'assurance automatisées, ou Bought By Many qui crée des communautés d'individus aux besoins spécifiques (cyclistes, diabétiques,...) puis s'intercale entre eux et les assureurs. Ce changement de modèle, s'il n'est pas adressé, pourrait reléguer les acteurs historiques et traditionnels à un simple rôle de porteur de risques.

Fait notable, s'il en est, cette mutation est portée par de nouveaux acteurs, étrangers au monde de l'assurance. Dans leur majorité, ils sont issus de l'univers de la relation client et des data avec des business models très innovants, ou encore d'autres industries, avec des acteurs traditionnels ou des experts du « disruptif » qui reconfigurent leur propre écosystème et se diffusent sur des secteurs annexes. La décision d'Airbnb de proposer des garanties à ses hôtes en fait ainsi le premier assureur habitation mondial en puissance.

En quoi, ces nouvelles technologies peuvent-elles précisément apporter une réponse ? Quelle place dès lors doit être laissée à l'humain ?

Au-delà du constat, j'ai une conviction. Les assureurs ont les moyens d'agir pour ne pas se retrouver dans la situation de Kodak qui pourtant avait identifié la menace.

Nous pouvons agir en premier lieu pour améliorer la relation client grâce à une meilleure valorisation des données. Nous sommes les experts de l'analyse de données depuis des siècles, et pourtant le défi est en train de nous échapper : l'humanité génère désormais en un jour autant d'informations que depuis la nuit des temps à 2003. Et, ce sont des acteurs comme Google et Instagram qui les exploitent aujourd'hui mieux que nous. Nous devons donc repenser la collecte de données et leur traitement pour répondre aux nouvelles attentes et offrir du « gagnant-gagnant » à nos clients.

En outre, ces mêmes clients ont dans le même temps pris le pouvoir sur la relation. L'engagement se fait maintenant selon leurs termes : nous sommes dans l'ère du 2.0 modelé par les Amazon et consorts. Il faut leur offrir l'hyperpersonnalisation, leur garantir simplicité et immédiateté dans une logique multi-accès intégrant à la fois les Facebook, Twitter, et smartphones. Il faut également rendre l'interaction plus chaleureuse et individualisée dans un monde qui se dématérialise. Ces évolutions ouvrent la voie non seulement au « sur-mesure industrialisé », avec bien entendu toutes les questions fondamentales liées à la protection des données et à la confidentialité, mais aussi à davantage de prévention et d'assistance.

Ce changement d'environnement nécessite de réinventer nos organisations sur le plan humain et dans la gestion des flux d'information. Nos processus et nos structures doivent s'adapter à la vitesse exponentielle d'évolution du marché. Il est essentiel de disposer de nouveaux moyens pour accélérer notre capacité à y répondre et faire en sorte que la loi de Moore imprègne notre industrie : déployer des approches agiles, investir dans des architectures ouvertes et évolutives (SaaS, cloud), et repenser nos propres écosystèmes. En résumé, face à la disruption, il faut de l'agilité.

Corolaire indispensable à ces nouveaux outils, de nouveaux modes de leadership doivent être développés. Ainsi, le défi des dirigeants est moins de réaliser le présent que d'imaginer un futur en mouvement permanent, de transformer les modèles existants, et d'embarquer les collaborateurs dans un cadre et une direction donnés.

La vélocité et le volume d'informations utiles à la décision, par ailleurs désormais accessibles à beaucoup, placent les dirigeants d'aujourd'hui face à des situations et des problématiques bien plus complexes qu'auparavant. Cette évolution impose d'élargir le spectre des talents autour d'eux et de leur déléguer le pouvoir de la décision en temps réel. Dans cette nouvelle économie caractérisée par l'immédiateté et l'impermanence, la performance de l'entreprise dépendra avant tout de l'intelligence collective, c'est-à-dire celle de l'ensemble des collaborateurs, qu'elle se doit de faire fructifier. Le leadership devient un sport collectif.

On attendra davantage du dirigeant de voir le talent chez les autres, de catalyser des profils complémentaires, et de les faire avancer ensemble au service d'un projet commun et mobilisateur : en quelque sorte, « hub-eriser » pour mieux « uberiser ». Cela requiert un leadership différent, relationnel et non plus seulement intellectuel, intégrant des notions d'écoute, de confiance, et d'authenticité.

Le Président Kennedy disait justement que « l'art de la réussite consiste à savoir s'entourer des meilleurs ». Comment les attirer à l'heure actuelle où les entreprises et secteurs traditionnels ne présentent plus une évidence tant pour les salariés déjà en poste que pour les jeunes diplômés ?

Cet état de fait doit nous faire réfléchir à la nécessité pour notre métier, qui se fonde avant tout sur le capital humain, de capter les meilleurs talents. Il faut leur donner envie de nous rejoindre et éviter qu'ils ne tombent dans le chaudron de l'assurance par accident !
Jamais en France une compagnie d'assurance n'a été classée sur le podium des entreprises préférées des jeunes diplômés. Or, dans celles aujourd'hui plébiscitées par les « Millenials », nous avons vu apparaître au cours des dernières années aux premières places les champions ou des jeunes pousses de la nouvelle économie du numérique. Si tous ces champions ont bien un point commun avec nous... c'est la data ! Si nous voulons attirer ces nouveaux talents, les data scientists, les codeurs, les purple people qui sont à la croisée des compétences technologiques et métier, nous devons mieux leur montrer que nous sommes historiquement les meilleurs experts de la data. Il s'agit ensuite de les développer, de les fidéliser en leur offrant un environnement et un leadership adaptés. Ces nouvelles générations forment d'ores et déjà nos équipes et représenteront 75% de nos effectifs en 2025. Ils sont à l'image de nos clients et du monde qui nous entoure. Ils constituent une des clés fondamentales de la réussite de ce changement d'ADN de nos entreprises.
Notre gestion du capital humain doit par ailleurs s'envisager en tenant compte de quatre phénomènes qui bouleversent nos organisations. Tout d'abord, l'automatisation et l'intelligence artificielle redistribuent la force de travail en la réaffectant sur les tâches à haute valeur ajoutée, les plus complexes et les moins répétitives. Ensuite, la place croissante des travailleurs indépendants et le développement de plateformes numériques permettent à l'entreprise de recourir instantanément et de manière temporaire à des compétences rares. Troisièmement, l'accélération de l'innovation, incomparable avec le reste de notre histoire, nécessite d'acquérir de nouvelles compétences en permanence, et de former nos collaborateurs en continu pour qu'ils soient le mieux préparés possible aux défis du futur. Enfin, l'entreprise est devenue multi-générationnelle : « Baby-Boomers », « Génération X », et « Millenials » coexistent et pèsent respectivement un tiers chacun de la population active. Une

opportunité à saisir réside dans la cross-fertilisation de ces générations qui présentent des profils, des attentes, et des attitudes différentes.
Si toute amélioration dans l'entreprise doit être vue et mesurée à l'aune des bénéfices pour la croissance, il faut garder en tête que le premier moteur de celle-ci est l'innovation. L'innovation naît de la confrontation d'idées, d'expériences, en synthèse de la diversité sous toutes ses formes, du plus visible, la diversité physique, au moins perceptible, la diversité cognitive. Pour autant, nos collaborateurs à tous les niveaux de l'entreprise sont marqués par la ressemblance frappante des profils, démontrant les biais de perception sur les compétences et qualités que nous attendons. Peut-on vraiment se priver d'autant de talents ?
Cette question du besoin de diversité met en lumière un autre impératif : celui de la fin des standards, de l'uniformité, et du consensus qui sont autant de freins à la créativité et donc à la croissance. Il n'est en effet pas de meilleure source de progrès qu'un environnement où coexistent un melting pot de profils complémentaires, et où le désaccord est perçu comme une richesse et non comme une entrave. Ce n'est pas sans poser des difficultés à l'intégration et à la collaboration, mais c'est là aussi où les nouveaux dirigeants ont un rôle d'innovation managériale. Souhaitons donc que cette nouvelle ère industrielle marque l'aube de celle de l'inclusion au service de l'innovation.

Bibliographie

European Insurance Disruptive Innovation: The beginning of the end?, UBS, 2015.

Leading in the digital age, McKinsey & Company, 2016.

Liquid Workforce: Building the workforce for today's digital demands, Accenture, 2016.

En 2017, célébrons l'innovation, la transformation, la révolution numérique

Nous sommes entrés dans le 21ème siècle depuis plus de 16 ans déjà mais le Futur continue de s'écrire sous nos yeux ébahis. 3D, réalité augmentée ou virtuelle, tout tactile, géolocalisation, objets connectés, smart data, machine learning, deep learning, blockchain, robots advisor, cloud, chatbots, ... autant de technologies dont l'utilisation dans la vie quotidienne paraîtra évidente dans quelques années mais qui nous demandent aujourd'hui un véritable effort d'adaptation et d'imagination. Pourtant nous ressentons aujourd'hui, avec certitude, que « notre » futur est différent ! Sans prétention, mais avec conviction, nous observons une accélération des transformations du fait des cycles de l'innovation. Le début des années 2000 ne révélait que les prémices de la révolution numérique. Depuis Internet a dépassé ses promesses devenant à la fois mobile, social, global, local, dans les nuages, crunchant les datas, transformant nos vies professionnelles et personnelles, gommant la frontière entre vie privée et vie publique, désintermédiant, ultra-communiquant, connectant les objets, observant les machines à apprendre et penser artificiellement. Des pans entiers de l'économie et de la société connaissent des transformations Schumpétériennes. Les enjeux sont considérablement plus importants que lors de l'informatisation des sociétés dans les décennies précédentes. Cette transformation de l'entreprise physique mais aussi virtuelle, impacte parfois le cœur de métier et l'activité même de l'entreprise, et implique aujourd'hui des secteurs opérationnels vitaux comme, l'analyse des risques, la création des offres et des services, le parcours clients/prospects, l'organisation, les modes de communication, la gestion des ressources humaines, les business model,... .

Le credo de départ est donc avéré : le numérique n'est pas un secteur, surtout pas, mais bel et bien une transformation complète de l'ensemble de la société et de notre façon de vivre tous ensemble. Pour la 2ème édition du HUB-TDAY, nous souhaitons donc porter l'ambition, avec vous, de concevoir et de bâtir le futur de l'Assurance, aujourd'hui !

Pour la seconde année, le HUB-TDAY, est le carrefour pour célébrer l'innovation, la transformation, la révolution numérique, où tout l'écosystème de l'Assurance aura plaisir à se retrouver. L'objectif majeur de ce congrès est de créer qualitativement les conditions idéales permettant la réflexion, l'action et les échanges, sur les transformations majeures de la chaîne de valeur assurance et sur les différents scénarios de disruption, qui nourriront les déploiements stratégiques et opérationnels de notre industrie. Cela nous permettra, en toute convivialité, de mener des réflexions et de produire des analyses éclairantes sur ce futur proche qui envahit, dès à présent, notre quotidien.

Nous espérons que nous serons, comme l'année précédente, nombreux à partager ce temps fort du secteur de l'assurance qui se déroulera sur 2 jours, dans les premiers jours de juin 2017 à Paris.

Conclusion : innovation en Assurance, entre une priorité absolue et des contraintes de rentabilité !

Le secteur de l'assurance n'est sûrement pas le marché des hautes technologies où tous les deux jours est commercialisé un produit innovant. Les spécificités historiques de l'assurance, les usages, les habitudes, les spécificités métiers, les formations, les modes de gouvernance, le cadre juridique et fiscal, qui agit d'ailleurs comme un puissant facteur de banalisation, les silos, ... font que tout n'est pas aussi simple qu'on le voudrait. Cependant, notre secteur a en lui des opportunités qui ne demandent qu'à être exploitées. Le client est en attente de cela. Des enjeux commerciaux sont à la clé, l'innovation étant une composante essentielle pour le développement, le dynamisme du secteur de l'assurance.

Etre précurseur, meneur ou suiveur importe peu, il faut être le meilleur dans son positionnement, dans son produit, dans son service au bon moment. Aujourd'hui, la révolution numérique impacte fortement l'ensemble des industries. Ne pas innover, c'est prendre aussi le risque d'être concurrencé, disrupté voire kodakisé.
Il est donc essentiel, dans ce contexte, de faire un point sur les stratégies d'innovation de notre industrie, l'assurance. Le 1er Observatoire des Stratégies Innovation en Assurance (OFIA[1]) a pour vocation d'analyser les pratiques et les tendances d'évolution des stratégies relatives à l'innovation dans le secteur de l'assurance. Une première étape consistait à faire une enquête auprès de 90 décideurs du secteur et autour d'axes majeurs : L'innovation en général et l'innovation au sein des entreprises d'assurance.

L'innovation s'impose !

Les assureurs sont plus que convaincus qu'elle est une priorité pour le secteur et qu'elle deviendra de plus en plus importante. 100% des décideurs jugent que l'innovation est un enjeu important pour le secteur de l'assurance et 82,2% des décideurs constatent une accélération significative de la politique d'innovation sur le secteur.
Jean-Luc Gambey précise « *Depuis longtemps, les entreprises du secteur de l'assurance ont mis l'innovation au rang de leurs priorités. Pour accroître leur compétitivité,*

pour répondre à de nouveaux besoins, pour s'adapter à de nouvelles exigences. Aujourd'hui, les assureurs sont formels, l'innovation est un enjeu stratégique et surtout une priorité majeure pour leurs entreprises, l'accélération et l'intensification de l'innovation étant essentiellement liées aux exigences et aux comportements du client. »

Concernant les objectifs de l'innovation, la différenciation est l'objectif prioritaire. 100% des décideurs jugent que l'innovation permet d'améliorer la différenciation par rapport à la concurrence et 98,6% d'entre eux considèrent que l'innovation permet d'améliorer les résultats commerciaux. Aujourd'hui, les assureurs innovent d'abord pour des objectifs concurrentiels et commerciaux.

Jean-Luc Gambey complète *« 75,9% des décideurs estiment qu'il est très important que l'innovation permette de créer ou d'améliorer les offres/services. D'ailleurs, les assureurs doivent s'engager avec détermination dans la proposition d'offres/services innovants, différents et adaptés aux profils et besoins très spécifiques des clients. »*

Innover : grâce à qui ?

Si pour les décideurs, l'innovation ne doit pas être réservée au service R&D de l'entreprise, elle reste essentiellement liée aux ressources internes de l'entreprise (décideurs, réseaux commerciaux, collaborateurs, dirigeants). Même si l'interne est très majoritairement prioritaire pour participer au processus d'innovation, l'entreprise n'est pas seule pour innover. Pour 83,3% des décideurs, l'open innovation (la collaboration entre les assureurs et des entreprises externes : startups,...) est une stratégie efficace d'innovation, et 78,9% des décideurs jugent les plateformes collaboratives en ligne comme un bon outil pour tester de nouvelles idées.

Jean-Luc Gambey *« L'innovation qui nait naturellement grâce aux talents présents dans l'entreprise doit d'ailleurs s'inscrire, dans la mission de chaque collaborateur. Dans cette enquête, les ressources externes à l'entreprise (assurés, startups) ne sont pas rejetées, mais étonnement, leur implication paraît moins nécessaire aux yeux des décideurs. Cependant si l'entreprise est massivement impliquée, le soutien externe grâce à différents processus peut être utilisé. L'open innovation et les plateformes collaboratives en ligne peuvent être déployées afin de décloisonner le processus d'innovation. Si l'innovation nécessite un processus collectif impliquant les principales fonctions de l'entreprise, le déploiement doit s'accompagner d'une démarche alimentée par des échanges et des données externes. »*

L'innovation s'accélère, la nécessité du ROI également !

Concernant l'innovation au sein de chaque entreprise du secteur, nous pouvons constater une accélération récente du phénomène. 91,1% des décideurs constatent une accélération de la politique d'innovation au sein de leur entreprise et 80% des décideurs déclarent que leur entreprise a récemment innovée (moins d'un an). Cependant, même si nous constatons que l'innovation, dans le secteur de l'assurance, est aujourd'hui essentiellement incrémentale, elle reste néanmoins soumise, selon l'enquête, à un passage à l'acte relativement long (plus d'un an) et à une nécessité systématique, pour 56,7% des décideurs, de retour sur investissement.
Jean-Luc Gambey évoque les points essentiels qui ressortent de la 1ère enquête de ce 1er Observatoire des Stratégies Innovation en Assurance. « *Les décideurs du secteur sont formels, l'innovation, enjeu stratégique, est devenue une priorité majeure, une nécessité économique. Cela se traduisant par une volonté d'accélération de la politique d'innovation des entreprises. Cependant l'innovation est néanmoins soumise, selon cette enquête, à un passage à l'acte relativement long (plus d'un an) et pour la majorité des décideurs, à une nécessité systématique de retour sur investissement !* »
Pour conclure, **Jean-Luc Gambey** cite Woody Allen « *Si tu n'échoues pas de temps à autre, c'est le signe que tu ne fais rien de très innovant* » et précise « *le tissu économique ne s'est pas construit sans le harnais vital de l'assurance. Le tissu économique de demain a besoin des assureurs, il va falloir organiser l'entreprise pour que le rythme de l'innovation s'accélère et éveiller certaines consciences pour libérer l'innovation de quelques contraintes de rentabilité systématique et court-termiste.* »

1) OFIA : Observatoire des Stratégies Innovation en Assurance.

Remerciements

Je pense que nous vivons une des plus excitantes périodes qui soit, posant probablement des défis considérables, pour notre société et pour le secteur de l'assurance. La société évolue, les individus changent, les assureurs aussi !
L'histoire de l'assurance et ses spécificités, les usages, les habitudes, les spécificités métiers, les formations, les modes de gouvernance,... font que tout n'est pas aussi simple et rapide qu'on le voudrait. Ces témoignages de personnalités, concentrés dans cet ouvrage apportent des certitudes : celle que le secteur de l'assurance est véritablement dans l'action et qu'il devra probablement accélérer sa révolution.
Cet ouvrage a pour objectif, si nécessaire, de démontrer que les dirigeants, les décideurs, les experts de notre industrie ont des visions, parfois des doutes mais de réelles convictions et agissent concrètement, grâce à leurs équipes, au quotidien, pour le bénéfice de leur marque et de leurs assurés.

Je remercie chaleureusement toutes les personnalités qui contribuent à l'évolution de notre Industrie, celles qui ont bien voulu partager avec transparence leurs convictions et donner de leur temps pour la réalisation de cet ouvrage qui nous permettra d'évoluer, de progresser et de nous enrichir.
Je remercie sincèrement Caroline Lambijou, Emmanuelle Lambijou et Pierre-Henri di Vita qui m'ont accompagné dans ce projet.

Jean-Luc Gambey
jl@gambey.me

Edition : BoD - Books on Demand
12/14 rond-point des Champs Elysées, 75008 Paris
Impression : Books on Demand GmbH, Norderstedt, Allemagne
ISBN : 9782322115365
Dépôt légal : Novembre 2016